חוֹבֶרֶת עֲבוֹדָה לְעִבְרִית חֲדָשָׁה 2

STUDENT WORKBOOK FOR HEBREW AND HERITAGE 2

Grammar and Language Enrichment

by Magda Winter

BEHRMAN HOUSE, INC.

To my husband, Nathan, whose guiding hand, wise counsel and
loving concern are an ever present reality in my life;
to our children, Steven and Florence, Alan and Elaine, and Jonathan;
and to our grandchildren, Amy (Aviva), Daniel (Yisrael Donny),
and Lisa (Yael Rivka),
who fill our lives with love and pride.

Illustrations: Richard Rosenbloom

ISBN 0-87441-373-7
ISBN13: 978-0-87441-373-1
Copyright © 1983 by Behrman House, Inc.
11 Edison Place, Springfield, New Jersey
www.behrmanhouse.com

Manufactured in the United States of America

שָׁלוֹם!

Read – Review – Remember

The number 18 is considered to be a lucky number for the Jewish people because 18, in Hebrew, is written with the letters י (10) and ח (8). Together these letters spell the word חַי, which means *life*.

Before we begin our studies in Hebrew and Heritage 2, let us aim for "18 Goals". Each goal will test how well you remember the vocabulary and grammar you have learned so far.

Read all the examples and the "flashcards" carefully, for they will help you complete each goal.

Good luck! בְּהַצְלָחָה!

Goal א אֲנִי מוֹרָה. ___ מִי אַתְּ? ___

אֲנִי דָוִד. ___ מִי אַתָּה? ___

אֲנִי אוֹרָה. ___

אֲנִי מֹשֶׁה. ___

אַתָּה / you (m)	
אַתְּ / you (f)	

Goal ב זֶה תַּלְמִיד. ___ זֹאת תַּלְמִידָה. ___

גַם זֶה תַּלְמִיד? ___

זֹאת יַלְדָה. ___

גַם זֶה יֶלֶד? ___

זֶה / this is (m)	
זֹאת / this is (f)	

Goal ג הַתַּלְמִיד בַּכִּתָּה. ___ מִי בַּכִּתָּה? ___

הָעִפָּרוֹן עַל הַשֻּׁלְחָן. ___ מָה עַל הַשֻּׁלְחָן? ___

הַסֵּפֶר בַּכִּתָּה. ___

הַמּוֹרָה בָּרְחוֹב. ___

מִי / who	
מָה / what	

Goal ד אֵיפֹה הַתַּלְמִידָה? ___ אֵיפֹה הַתַּלְמִיד? ___

אַתָּה לוֹמֵד עִבְרִית? ___ אַתָּה ___?

כָּל יֶלֶד לוֹמֵד בַּכִּתָּה. ___ כָּל ___ בַּכִּתָּה. ___

אֵיפֹה כָּל יַלְדָה? ___

אֵיפֹה / where	
לוֹמֵד / learns (m)	
לוֹמֶדֶת / learns (f)	

1

Goal ה

הַיֶּלֶד הַזֶּה רוֹצֶה סֵפֶר. — הילדה הזאת רוצה ספר

מִי הַתַּלְמִידָה הַזֹּאת? — מי התלמיד

מַה רוֹצָה הַיַּלְדָּה הַזֹּאת? — ______

הַתַּלְמִיד הַזֶּה לוֹמֵד. — ______

Goal ו

רוֹצֶה לְ . . .
wants to (m)

רוֹצָה לְ . . .
wants to (f)

הוּא רוֹצֶה לִלְמֹד בַּכִּתָּה. — גם היא רוצה ללמוד בכתה.

אַתְּ רוֹצָה לִקְרֹא עִבְרִית. — גם אתה

הוּא רוֹצֶה לִכְתֹּב עִבְרִית. — גם

הִיא רוֹצָה לִקְרֹא עִבְרִית. — ______

Goal ז

מִי עוֹד?
who else?

מַה עוֹד?
what else?

מִי עוֹד רוֹצֶה סֵפֶר? — ומי עוד רוצה ספר?

מִי עוֹד רוֹצֶה לִקְרֹא? — ______

מַה עוֹד אַתָּה רוֹצֶה? — ______

מַה עוֹד אַתְּ רוֹצָה לִכְתֹּב? — ______

Goal ח

יֵשׁ לְ . . .
has, have

אֵין לְ . . .
do(es) not have

יֵשׁ לִי סֵפֶר. — אין לי ספר.

יֵשׁ לְךָ דּוֹד. — אין לך דוד

יֵשׁ לָךְ עִפָּרוֹן. — ______

יֵשׁ לִי מַחְבֶּרֶת. — ______

Goal ט

טוֹב, טוֹבָה
good

סֵפֶר טוֹב בַּבַּיִת. — הספר הטוב בבית.

תַּלְמִיד טוֹב יוֹדֵעַ עִבְרִית. — התלמיד הטוב יודע עברית.

תַּלְמִידָה טוֹבָה יוֹדַעַת לִקְרֹא. — ______

אֵיפֹה מוֹרֶה טוֹב? — ______

Goal י

אַתָּה יוֹדֵעַ שֶׁזֶּה הַבַּיִת שֶׁלִּי? — אַתְּ יוֹדַעַת שֶׁזֶּה הַבַּיִת שֶׁלִּי?

הִיא יוֹדַעַת שֶׁדָּוִד רוֹצֶה לִקְרֹא. ______

אַתְּ יוֹדַעַת שֶׁזֶּה הַסֵּפֶר שֶׁלִּי? ______

הוּא יוֹדֵעַ שֶׁהַבַּיִת שֶׁלִּי יָפֶה. ______

יוֹדֵעַ שֶׁ...
know that

Goal יא

הַבַּיִת שֶׁלְּךָ יָפֶה. — הַבַּיִת שֶׁלָּךְ יָפֶה.

הַסֵּפֶר שֶׁלְּךָ עַל הַשֻּׁלְחָן. ______

מַה שֵּׁם אִמָּא שֶׁלָּךְ? ______

הַמּוֹרָה שֶׁלָּךְ יָפָה. ______

שֶׁלְּךָ
your (m)

שֶׁלָּךְ
your (f)

Goal יב

הוּא אוֹמֵר "שָׁלוֹם". — הִיא אוֹמֶרֶת "שָׁלוֹם".

מָה אַתָּה כּוֹתֵב עַל הַלּוּחַ? ______

הוּא הוֹלֵךְ הַבַּיְתָה. ______

אֲנִי יוֹשֶׁבֶת בַּכִּתָּה. — אֲנִי (m) ______

הִיא אוֹמֶרֶת: "שְׁמִי אוֹרָה". — ______: "______ דָּוִד".

אַתְּ אוֹכֶלֶת לֶחֶם וּגְבִינָה. ______

יוֹשֵׁב, יוֹשֶׁבֶת
sitting

אוֹמֵר, אוֹמֶרֶת
saying

כּוֹתֵב, כּוֹתֶבֶת
writing

הוֹלֵךְ, הוֹלֶכֶת
going

Goal יג

אַבָּא שׁוֹתֶה קָפֶה. — מַה שֶּׁאַבָּא שׁוֹתֶה גַּם אִמָּא שׁוֹתָה.

הִיא אוֹכֶלֶת לֶחֶם. — מַה שֶּׁהִיא אוֹכֶלֶת גַּם הוּא אוֹכֵל.

הַתַּלְמִיד כּוֹתֵב מִכְתָּב. ______

הוּא אוֹכֵל אֶת אֲרוּחַת־הַבֹּקֶר. ______

כָּל יֶלֶד שׁוֹתֶה חָלָב. ______

שׁוֹתֶה, שׁוֹתָה
drinking

אוֹכֵל, אוֹכֶלֶת
eating

מַה שֶּׁ...
what

Goal יד

אֲנִי
I (am)

אֲנַחְנוּ
we (are)

אֲנִי יֶלֶד טוֹב. — אֲנַחְנוּ יְלָדִים טוֹבִים.

אֲנִי מוֹרֶה טוֹב. ______

אֲנִי תַּלְמִיד טוֹב. ______

אֲנִי אָח טוֹב. ______

Goal טו

יוֹשְׁבִים, יוֹשְׁבוֹת
sitting

אוֹכְלִים, אוֹכְלוֹת
eating

כּוֹתְבִים, כּוֹתְבוֹת
writing

הַתַּלְמִידִים יוֹשְׁבִים בַּכִּתָּה. — הַתַּלְמִידוֹת יוֹשְׁבוֹת בַּכִּתָּה.

הַתַּלְמִידִים אוֹכְלִים עוּגָה. — עוּגָה.

הַתַּלְמִידִים כּוֹתְבִים בַּמַּחְבֶּרֶת. ______

הַתַּלְמִידוֹת הוֹלְכוֹת בָּרְחוֹב. ______

Goal טז

הֵם
they (m)

הֵן
they (f)

בָּאִים, בָּאוֹת
coming

הֵם בָּאִים הַבַּיְתָה. — גַּם הֵן בָּאוֹת הַבַּיְתָה.

הֵם יוֹשְׁבִים בַּבַּיִת. — גַּם הֵן

הֵם כּוֹתְבִים לְסַבָּא. ______

הֵם לוֹמְדִים עִבְרִית. ______

Goal יז

הֵם אוֹרְחִים טוֹבִים. — גַּם הֵן אוֹרְחוֹת טוֹבוֹת.

הֵם תַּלְמִידִים טוֹבִים. — גַּם

הֵם יְלָדִים טוֹבִים. ______

הֵן אוֹרְחוֹת טוֹבוֹת. ______

Goal יח

שֶׁלִּי
my, mine

שֶׁלְּךָ, שֶׁלָּךְ
your, yours

יֵשׁ לִי סֵפֶר טוֹב. — הַסֵּפֶר שֶׁלִּי טוֹב.

יֵשׁ לְךָ עִפָּרוֹן בַּבַּיִת. — הָעִפָּרוֹן שֶׁלְּךָ בַּבַּיִת.

יֵשׁ לָךְ בַּיִת יָפֶה. ______

יֵשׁ לְךָ מוֹרָה טוֹבָה. ______

שִׁעוּר רִאשׁוֹן
Lesson One

What's New? מַה חָדָשׁ?

tell (m, f)	א	אֱמֹר (לִי, לְאַהֲרוֹן) אִמְרִי (לִי, לְאַבָּא)
		אמר*
there is . . .	ב	יֵשׁ (יֵשׁ מַשֶּׁהוּ)
big (m, f)	ג	גָּדוֹל (יֶלֶד גָּדוֹל) גְּדוֹלָה (יַלְדָּה גְּדוֹלָה)
small (m, f)		קָטָן (יֶלֶד קָטָן) קְטַנָּה (יַלְדָּה קְטַנָּה)
for me	ד	בִּשְׁבִילִי (זֶה מַשֶּׁהוּ בִּשְׁבִילִי)
for you (m, f)		בִּשְׁבִילְךָ – בִּשְׁבִילֵךְ

* Look for other three-letter verb roots throughout this workbook.

Let's Read and Learn נִקְרָא וְנִלְמַד

א

1 ↓ ←3
אֱמֹר לִי דָנִי, מַה שֵּׁם הֶחָבֵר הַזֶּה?
אֱמֹר לִי דָנִי, מַה שֵּׁם הַמּוֹרֶה הַזֶּה?
אֱמֹר לִי דָנִי, מַה שֵּׁם הַדּוֹד הַזֶּה?

2 ↓
אִמְרִי לִי אֲבִיבָה, מַה שֵּׁם הַחֲבֵרָה הַזֹּאת?
אִמְרִי לִי אֲבִיבָה, מַה שֵּׁם הַמּוֹרָה הַזֹּאת?
אִמְרִי לִי אֲבִיבָה, מַה שֵּׁם הַדּוֹדָה הַזֹּאת?

אמר

ב

1 ↓ ←2
מִי יוֹדֵעַ, מַה יֵּשׁ בַּכִּיס?
מִי יוֹדֵעַ, מַה יֵּשׁ בַּבַּיִת?
מִי יוֹדֵעַ, מַה יֵּשׁ בַּכִּתָּה?

מִי יוֹדַעַת, מַה יֵּשׁ בַּכִּיס?
מִי יוֹדַעַת, מַה יֵּשׁ בַּבַּיִת?
מִי יוֹדַעַת, מַה יֵּשׁ בַּכִּתָּה?

ג

1 ↓ ←2
הַאִם יֵשׁ מַשֶּׁהוּ גָּדוֹל בַּבַּיִת?
הַאִם יֵשׁ מַשֶּׁהוּ גָּדוֹל בָּרְחוֹב?

כֵּן, יֵשׁ סֵפֶר גָּדוֹל בַּבַּיִת.
כֵּן, יֵשׁ חוֹר גָּדוֹל בָּרְחוֹב.

1 ↓ ←3
יֵשׁ לִי סֵפֶר קָטָן.
יֵשׁ לִי שֻׁלְחָן קָטָן.

2 ↓
יֵשׁ לִי גַּם מַחְבֶּרֶת קְטַנָּה.
יֵשׁ לִי גַּם אֲרוּחָה קְטַנָּה.

ד

1 ↓ ←3
דָּנִי, יֵשׁ מַשֶּׁהוּ גָּדוֹל בִּשְׁבִילְךָ.
דָּנִי, יֵשׁ מַשֶּׁהוּ קָטָן בִּשְׁבִילְךָ.

2 ↓
יֵשׁ מַשֶּׁהוּ גָּדוֹל בִּשְׁבִילִי?
יֵשׁ מַשֶּׁהוּ קָטָן בִּשְׁבִילִי?

1 ↓ ←3
אֲבִיבָה, יֵשׁ עוּגָה גְּדוֹלָה בִּשְׁבִילֵךְ.
אֲבִיבָה, יֵשׁ עוּגָה קְטַנָּה בִּשְׁבִילֵךְ.

2 ↓
יֵשׁ עוּגָה גְּדוֹלָה בִּשְׁבִילִי?
יֵשׁ עוּגָה קְטַנָּה בִּשְׁבִילִי?

↓ This arrow tells you to read the column from the top down.

← This arrow tells you to read each line across, from right to left.

Be a Script Writer

Answer the question asked in each frame. Use the words printed below each and add your own words as well.

An Easy Beginning

Use each phrase on the right to begin a sentence of your own.

א יֵשׁ לִי... יֵשׁ לִי אָח קָטָן.

ב אֱמֹר לִי יִצְחָק... אֱמֹר לִי יִצְחָק, מָה אַתָּה רוֹצֶה?

ג יֵשׁ לְיוֹסֵפָה... ________

ד זֶה בִּשְׁבִילִי, וְזֶה... ________

ה אִמְרִי לִי דְבוֹרָה... ________

ו פְּנִינָה, הַאִם יֵשׁ לָךְ... ________

Read and Find קְרָא וּמְצָא

Read the story on pages 6, 7 in the textbook, and find the answers to these questions.
Your answers should be written in full sentences.

א מַה שֵׁם הַסִּפּוּר? שֵׁם הַסִּפּוּר "

ב מַה יֵשׁ בַּכִּיס שֶׁל שִׁמְעוֹן? ________

ג מִי הַחֲבֵרִים הַטּוֹבִים בַּסִּפּוּר? ________

Now make up two questions based on the story, and write the answers too.

א ________

____

ב ________

____

Cross Country Marathon

Read each sentence and choose the correct word to complete it. Write the word with vowels in the blank space.
Now copy the word, without the vowels, into the numbered puzzle space. Follow the direction of the arrow.
When you have completed the puzzle, read the Hebrew sentences aloud.

	English	Hebrew
1	tell (m) me!	מַה אַתָּה שׁוֹתֶה? , _____ אֱמֹר לִי
2	for you (f)	הַאִם הָאֲרוּחָה הַזֹּאת _____ ?
3	for me	כֵּן, הָאֲרוּחָה הַטּוֹבָה _____ .
4	there is	_____ לוּחַ קָטָן בַּכִּתָּה.
5	big (m)	הַאִם יֵשׁ לְךָ אָח _____ ?
6	big (f)	יֵשׁ לִי חֲבֵרָה _____ .
7	good appetite!	הִנֵּה אֲרוּחַת-הַבֹּקֶר. _____ !
8	morning	אֲנִי אוֹכֵל בֵּיצָה (egg) קְטַנָּה. בַּ _____
9	hole	יֵשׁ _____ גָּדוֹל בָּרְחוֹב.
10	something	יֵשׁ לִי _____ יָפֶה בִּשְׁבִילְךָ.
11	my (mine)	הַבַּיִת _____ גָּדוֹל וְיָפֶה.
12	pocket	יֵשׁ חוֹר בַּ _____ שֶׁלִּי.

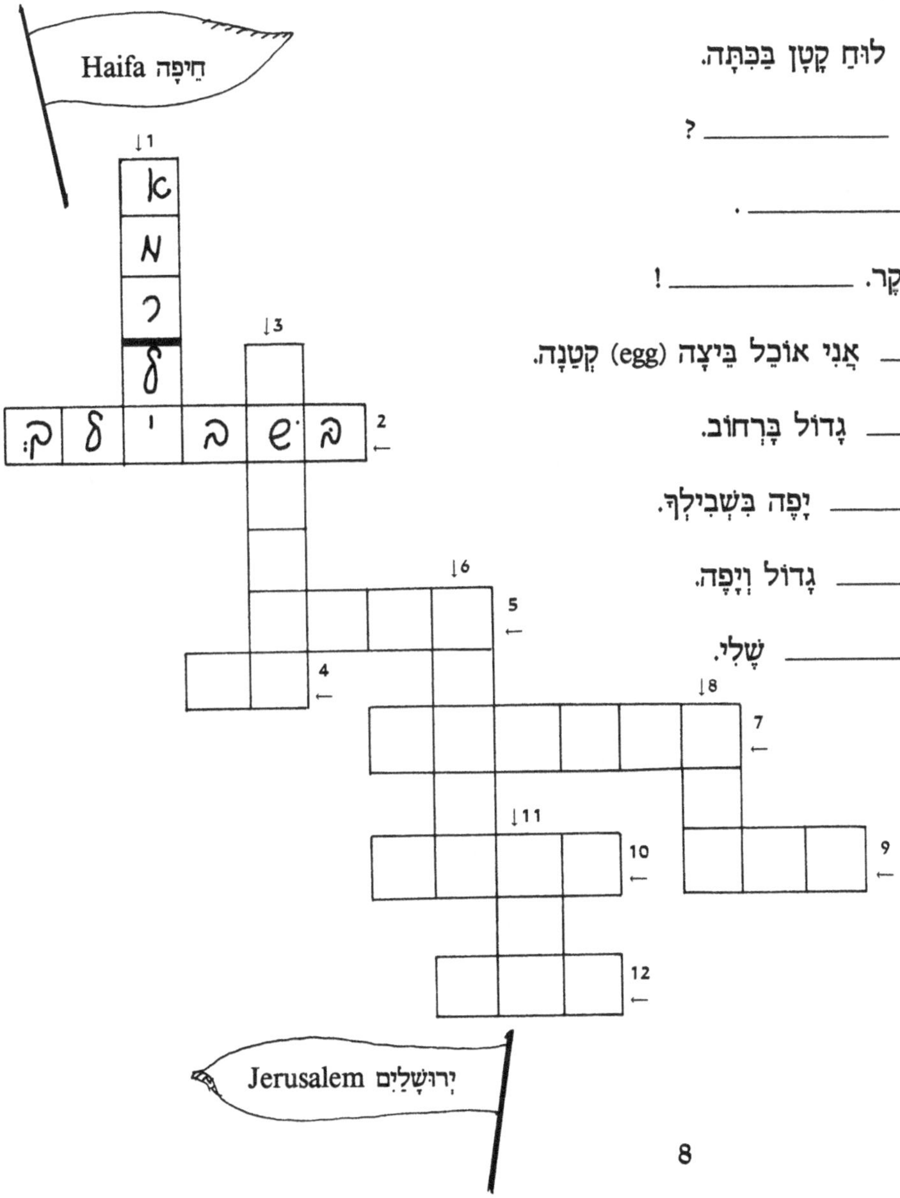

Word bank:

אָמַר לִי	מַשֶּׁהוּ
בְּתֵאָבוֹן	בֹּקֶר
גְּדוֹלָה	גָּדוֹל
חוֹר	יֵשׁ
כִּיס	בִּשְׁבִילְךָ
שֶׁלִּי	בִּשְׁבִילִי

Haifa חֵיפָה

Jerusalem יְרוּשָׁלַיִם

Puzzle — across clue 2: ק ד ו ב ה א / אֱמֹר לִי

Down 1: אֱמֹר (א מ ר)

8

שִׁעוּר שֵׁנִי
Lesson Two

What's New? מַה חָדָשׁ?

Why?	א	לָמָּה? (לָמָּה הוּא בַּבַּיִת?)	is going (m ,f) are going	ג	הוֹלֵךְ, הוֹלֶכֶת הוֹלְכִים, הוֹלְכוֹת (הלך)
has to buy (m, f)	ב	צָרִיךְ לִקְנוֹת צְרִיכָה לִקְנוֹת	his her, hers	ד	שֶׁלּוֹ (זֶה הַדּוֹד שֶׁלּוֹ) שֶׁלָּהּ (זֶה הַדּוֹד שֶׁלָּהּ)

Let's Read and Learn נִקְרָא וְנִלְמַד

א
לָמָּה הוּא רוֹצֶה לָלֶכֶת? ←1 לָמָּה הִיא רוֹצָה לָלֶכֶת? (הלך)
לָמָּה הוּא רוֹצֶה לֶאֱכֹל? לָמָּה הִיא רוֹצָה לֶאֱכֹל? (אכל)
לָמָּה הוּא רוֹצֶה לִכְתֹּב? לָמָּה הִיא רוֹצָה לִכְתֹּב? (כתב)

ב
1↓ יִצְחָק צָרִיךְ לִקְנוֹת מַתָּנָה. ←3 2↓ גַּם מְאִירָה צְרִיכָה לִקְנוֹת מַתָּנָה. (צרך)
יִצְחָק צָרִיךְ לִקְנוֹת סֵפֶר. גַּם מְאִירָה צְרִיכָה לִקְנוֹת סֵפֶר. (קנה)
יִצְחָק צָרִיךְ לִקְנוֹת עִפָּרוֹן. גַּם מְאִירָה צְרִיכָה לִקְנוֹת עִפָּרוֹן.

ג
1↓ הוּא הוֹלֵךְ אֶל הַבַּיִת. ←3 2↓ הִיא הוֹלֶכֶת אֶל הַבַּיִת. (הלך)
הוּא הוֹלֵךְ אֶל הַכִּתָּה. הִיא הוֹלֶכֶת אֶל הַכִּתָּה.

1↓ מִי הוֹלֵךְ אֶל הַבַּיִת? ←3 2↓ אֲבִיבָה וְדָנִי הוֹלְכִים אֶל הַבַּיִת.
מִי הוֹלֵךְ אֶל הַכִּתָּה? אֲבִיבָה וְדָנִי הוֹלְכִים אֶל הַכִּתָּה.

1↓ שִׂמְחִי וְדָנִי הוֹלְכִים הַבַּיְתָה. ←3 2↓ צִפּוֹרָה וַאֲבִיבָה הוֹלְכוֹת הַבַּיְתָה.
הֵם הוֹלְכִים הַבַּיְתָה. הֵן הוֹלְכוֹת הַבַּיְתָה.

ד
1↓ הִנֵּה הַמַּתָּנָה שֶׁלּוֹ. ←3 2↓ הִנֵּה הַמַּתָּנָה שֶׁלָּהּ.
הִנֵּה הַכִּיס שֶׁלּוֹ. הִנֵּה הַכִּיס שֶׁלָּהּ.
הִנֵּה הַמּוֹרֶה שֶׁלּוֹ. הִנֵּה הַמּוֹרֶה שֶׁלָּהּ.
הִנֵּה הַבַּיִת שֶׁלּוֹ. הִנֵּה הַבַּיִת שֶׁלָּהּ.

Lots to Do הַרְבֵּה לַעֲשׂוֹת

Both דָנִי and אֲבִיבָה have to do the same things. Look at the pictures and tell us what each one has to do. Choose from the words on the bottom of the page.

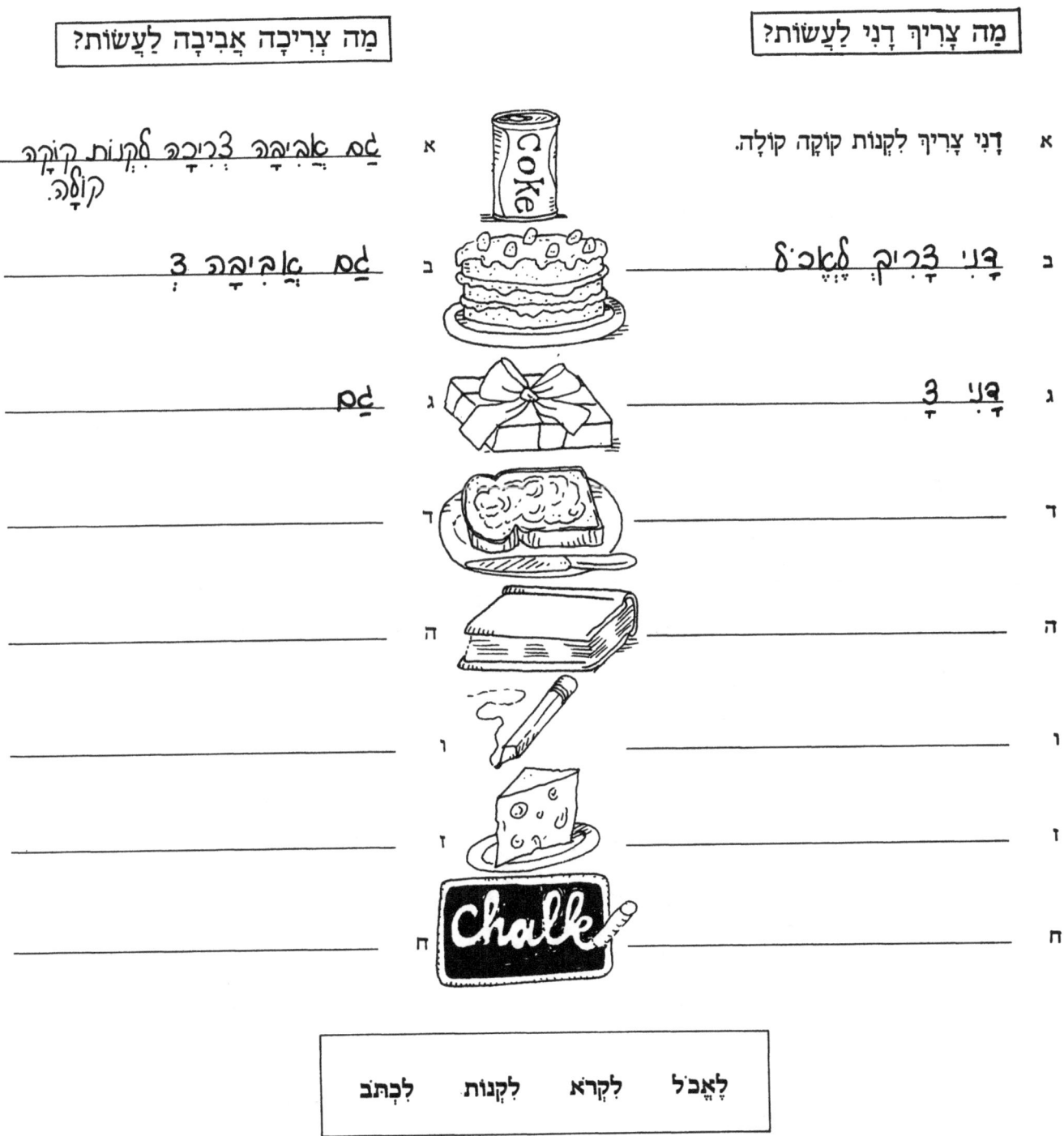

מַה צָרִיךְ דָנִי לַעֲשׂוֹת?

מַה צְרִיכָה אֲבִיבָה לַעֲשׂוֹת?

א דָנִי צָרִיךְ לִקְנוֹת קוֹקָה קוֹלָה.

א גַם אֲבִיבָה צְרִיכָה לִקְנוֹת קוֹקָה קוֹלָה.

ב דָנִי צָרִיךְ לֶאֱכֹל

ב גַם אֲבִיבָה צ

ג דָנִי צ

ג גַם

ד ______

ד ______

ה ______

ה ______

ו ______

ו ______

ז ______

ז ______

ח ______

ח ______

לֶאֱכֹל לִקְרֹא לִקְנוֹת לִכְתֹּב

מַה הַשְּׁאֵלָה? *What's the Question?*

Can you match each answer with the most logical question?
You will find the questions at the bottom of the page.

הִנֵּה הַתְּשׁוּבָה		מַה הַשְּׁאֵלָה?
א	אֲנִי הוֹלֶכֶת אֶל הַחֲנוּת לִקְנוֹת מַשֶּׁהוּ.	א לָמָּה אַתְּ הוֹלֶכֶת אֶל הַחֲנוּת?
ב	כֵּן, יֵשׁ לִי אָח קָטָן.	ב ______
ג	זְכַרְיָה הוֹלֵךְ אֶל הַחֲנוּת.	ג ______
ד	כֵּן, הוּא אוֹרֵחַ טוֹב.	ד ______
ה	הִיא צְרִיכָה לִקְנוֹת מַתָּנָה בִּשְׁבִיל סַבָּא וְסַבְתָּא.	ה ______
ו	אַבָּא וְדָנִי הוֹלְכִים אֶל הַחֲנוּת, וְאִמָּא וַאֲבִיבָה הוֹלְכוֹת הַבַּיְתָה.	ו ______
ז	הַתַּלְמִיד צָרִיךְ לִקְנוֹת סֵפֶר, עִפָּרוֹן, וְגַם מַחְבֶּרֶת.	ז ______

לָמָּה אַתְּ הוֹלֶכֶת אֶל הַחֲנוּת?

מַה צָרִיךְ הַתַּלְמִיד לִקְנוֹת?

מִי הוֹלְכִים אֶל הַחֲנוּת וּמִי הוֹלְכוֹת הַבַּיְתָה?

מִי הוֹלֵךְ אֶל הַחֲנוּת?

בִּשְׁבִיל מִי הִיא צְרִיכָה לִקְנוֹת מַתָּנָה?

אֱמֹר לִי, הַאִם דּוֹד יוֹנִי אוֹרֵחַ טוֹב?

יֵשׁ לְךָ אָח קָטָן?

Reading for Pleasure קְרִיאָה לְהֲנָאָה

Read the Hebrew story silently. Notice the underlined words and their English meaning.
Now cover the English and read the Hebrew story again.
Look at the picture. It will help you to understand the story. Did you understand most of what you read?

אוֹרְחִים טוֹבִים בָּאִים

אֲבִיבָה וְהַמִּשְׁפָּחָה שֶׁלָּהּ עָבְרוּ לְנְיוּ יוֹרְק לְבַיִת חָדָשׁ וְיָפֶה.	family / moved / new
כְּבָר יֵשׁ לַאֲבִיבָה חֲבֵרִים חֲדָשִׁים וְטוֹבִים	already
אֲבָל הִיא שְׂמֵחָה שֶׁהַחֲבֵרִים שֶׁלָּהּ מִבּוֹסְטוֹן	but / happy / from
בָּאִים לִישׁוֹן בַּבַּיִת שֶׁלָּהּ.	to sleep
הִנֵּה הָאוֹרְחִים הַטּוֹבִים שֶׁלָּהּ – יִצְחָק, פְּנִינָה וְשִׁירָה.	
"שָׁלוֹם," אוֹמֶרֶת אֲבִיבָה, "בְּרוּכִים הַבָּאִים חֲבֵרִים טוֹבִים."	
"שָׁלוֹם," אוֹמֵר יִצְחָק, "הַבַּיִת הֶחָדָשׁ שֶׁלָּךְ יָפֶה מְאֹד."	
"כֵּן, זֶה בַּיִת גָּדוֹל וְיָפֶה," אוֹמֶרֶת פְּנִינָה.	
"יֵשׁ לָנוּ מַתָּנָה טוֹבָה בִּשְׁבִילֵךְ. זֶה	we have
הַמִּשְׂחָק Monopoly. וְהִנֵּה גַּם סֵפֶר מְעַנְיֵן בִּשְׁבִילֵךְ."	game / interesting
"פַנְטַסְטִי!" אוֹמֶרֶת אֲבִיבָה, "תּוֹדָה רַבָּה.	fantastic / thanks alot
עַכְשָׁו אֲנִי לֹא צְרִיכָה לִקְנוֹת אֶת הַמִּשְׂחָק."	now

״יֵשׁ לָנוּ מַשֶּׁהוּ גַּם בִּשְׁבִיל אִמָּא שֶׁלָּךְ,״ אוֹמֶרֶת פְּנִינָה.	
״אֵיפֹה הָאָח הַקָּטָן שֶׁלָּךְ?״ שׁוֹאֶלֶת שִׁירָה, ״הוּא לֹא בַּבַּיִת?״	asks
״כֵּן, הִנֵּה דָּנִי עִם יוֹסֵף הֶחָבֵר שֶׁלּוֹ,״ אוֹמֶרֶת אֲבִיבָה.	with
״נָעִים לְהַכִּיר, יוֹסֵף,״ אוֹמֶרֶת פְּנִינָה.	
״הֵי דָּנִי, מָה חָדָשׁ? הִנֵּה כַּדּוּר־רֶגֶל בִּשְׁבִילְךָ.״	football
״מַתָּנָה בִּשְׁבִילִי? תּוֹדָה רַבָּה!״ אוֹמֵר דָּנִי.	
אֲבִיבָה הוֹלֶכֶת אֶל הַמִּטְבָּח עִם דָּנִי וְכָל הָאוֹרְחִים.	kitchen
אֲבִיבָה נוֹתֶנֶת לָאוֹרְחִים שֶׁלָּהּ, וְגַם לְדָנִי וְיוֹסֵף,	gives
גְּלִידָה, עוּגָה וְגַם מַשֶּׁהוּ לִשְׁתּוֹת.	ice-cream / to drink
הֵם אוֹכְלִים, מְדַבְּרִים וְצוֹחֲקִים.	they eat / talk / laugh
אַחֲרֵי כֵן דָּנִי הוֹלֵךְ לְשַׂחֵק עִם יוֹסֵף,	afterwards / to play
וַאֲבִיבָה הוֹלֶכֶת אֶל הַחֶדֶר שֶׁלָּהּ לְשַׂחֵק	room
מוֹנוֹפּוֹלִי עִם הַחֲבֵרִים שֶׁלָּהּ. כָּל אֶחָד שָׂמֵחַ!	happy

Extra challenge: Cover the story. Look at the picture and tell the story in your own words.

The Jewish Connection תּוֹדָעָה יְהוּדִית

Hospitality | Thoughtfulness | Kindness | Sensitivity

Have you ever moved from one home to another in a new neighborhood?
At first it can be very difficult and sad to be away from close friends and familiar places, but we all know that with a little time and some patience we make new friends and are happy in our new school and neighborhood.
Find one Hebrew phrase in the story you have just read that shows you that אֲבִיבָה will be happy in her new home even after her friends go back to Boston.
Are the children in the story the kind of friends *you* would like to have? Explain why.
In Hebrew we call hospitality הַכְנָסַת אוֹרְחִים. How does אֲבִיבָה practice הַכְנָסַת אוֹרְחִים in the story?

Lost and Found Department

שֶׁל מִי זֶה?	שֶׁלִּי	שֶׁלּוֹ	שֶׁלָּהּ
Whose is this?	mine	his	her, hers

Each question has a picture to help you answer it. Follow the examples.

א שֶׁל מִי הַכִּיס הַזֶּה? (יֵשׁ לְאַהֲרוֹן...) הַכִּיס הַזֶּה שֶׁלּוֹ.

ב שֶׁל מִי הַמַּתָּנָה הַזֹּאת? (יֵשׁ לְאִילָנָה...) הַמַּתָּנָה הַזֹּאת שֶׁלָּהּ.

ג שֶׁל מִי הַחֲנוּת הַזֹּאת? (יֵשׁ לִי...) הַחֲנוּת הַזֹּאת שֶׁלִּי.

ד שֶׁל מִי הַמּוֹרָה הַזֹּאת? (יֵשׁ לִי...) ____________________

ה שֶׁל מִי הַסֵּפֶר הַזֶּה? (יֵשׁ לְצִפּוֹרָה...) ____________________

ו שֶׁל מִי הָעוּגָה הַזֹּאת? (יֵשׁ לַאֲבִיבָה...) ____________________

ז שֶׁל מִי הַ_____ הַזֶּה? (יֵשׁ לְיוֹנִי...) ____________________

ח שֶׁל מִי הַ_____ הַזֹּאת? (יֵשׁ לִי...) ____________________

ט שֶׁל מִי הַ_____ הַזֶּה? (יֵשׁ לַמּוֹרָה...) ____________________

י שֶׁל _____ הַ_____ הַזֹּאת? (יֵשׁ לְדָנִי...) ____________________

Cross Country Marathon

Read each sentence and choose the correct word to complete it. Write the word with vowels in the blank space. Now copy the word, without the vowels, into the numbered puzzle space. Follow the direction of the arrow. When you have completed the puzzle, read the Hebrew sentences aloud.

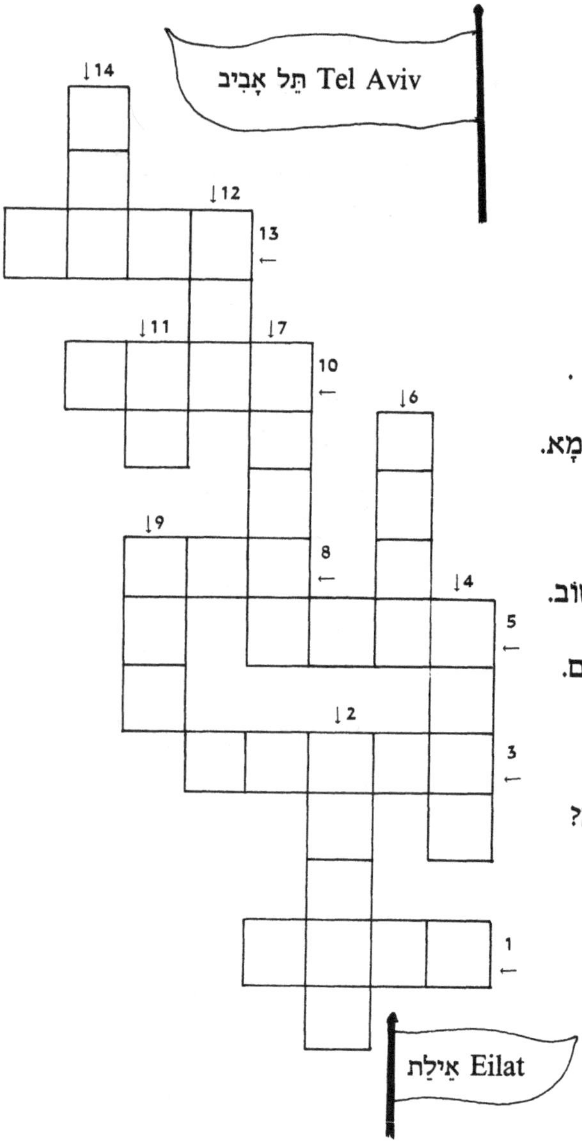

Tel Aviv תֵּל אָבִיב
14
12
13
11
7
10
6
9
8
4
5
2
3
1
Eilat אֵילַת

big	1	הוּא הָאָח הַ___גָּדוֹל___ שֶׁלִּי.
to buy	2	הוּא צָרִיךְ ___לִקְנוֹת___ לֶחֶם.
is going	3	רָחֵל ________ אֶל הַחֲנוּת.
something	4	זֶה ________ טוֹב בִּשְׁבִילִי?
gift	5	זֹאת ________ גְּדוֹלָה וְיָפָה.
store	6	סַבָּא וְסַבְתָּא הוֹלְכִים לַ ________ .
has to (f)	7	פְּנִינָה ________ לִקְנוֹת מַשֶּׁהוּ לְאִמָּא.
pocket	8	מַה יֵשׁ בַּ ________ שֶׁלִּי?
book	9	יוֹסֵפָה אוֹהֶבֶת לִקְרֹא ________ טוֹב.
has to (m)	10	הוּא ________ לִלְמֹד עִבְרִית הַיּוֹם.
there is	11	________ מַשֶּׁהוּ קָטָן בִּשְׁבִילְךָ.
tell	12	________ לִי דָּנִי, מַה אַתָּה רוֹצֶה?
guest (m)	13	הִנֵּה ________ בָּא אֶל הַבַּיִת.
hole	14	יֵשׁ לִי ________ בַּכִּיס.

חוֹר גָּדוֹל כִּיס	אוֹרֵחַ לִקְנוֹת סֵפֶר	חֲנוּת אֱמֹר הוֹלֶכֶת	מַשֶּׁהוּ צְרִיכָה מַתָּנָה	צָרִיךְ יֵשׁ

שִׁעוּר שְׁלִישִׁי
Lesson Three

What's New? מַה חָדָשׁ?

א	how	אֵיךְ (אֵיךְ אַתָּה הוֹלֵךְ?)
ב	how is it possible	אֵיךְ אֶפְשָׁר? (אֵיךְ אֶפְשָׁר לִקְנוֹת חָבֵר?)
ג	seeing	רוֹאֶה (הוּא רוֹאֶה מַשֶּׁהוּ.) רוֹאָה, רוֹאִים, רוֹאוֹת
ד	buy! (m)	קְנֵה! (דָּנִי, קְנֵה לֶחֶם!)
	(f)	קְנִי! (קנה)
	see!	רְאֵה, רְאִי! (ראה)
	drink!	שְׁתֵה, שְׁתִי! (שתה)
ה	but	אֲבָל (אֲבָל מִי הוּא?)

Let's Read and Learn נִקְרָא וְנִלְמַד

א

1 אֵיךְ אַתָּה הוֹלֵךְ הַבַּיְתָה?
אֵיךְ הוּא הוֹלֵךְ הַבַּיְתָה?

←3

2 וְאֵיךְ אַתְּ הוֹלֶכֶת הַבַּיְתָה?
וְאֵיךְ הִיא הוֹלֶכֶת הַבַּיְתָה?

ב

אֶפְשָׁר לִקְנוֹת חָבֵר.
אֶפְשָׁר לִקְנוֹת חֲבֵרָה.

←1

אֵיךְ אֶפְשָׁר לִקְנוֹת חָבֵר?
אֵיךְ אֶפְשָׁר לִקְנוֹת חֲבֵרָה? (קנה)

ג

1 אַהֲרוֹן רוֹאֶה אֶת אִילָנָה.
שִׂמְחִי רוֹאֶה אֶת צִפּוֹרָה.

←3

2 וְאִילָנָה רוֹאָה אֶת אַהֲרוֹן. (ראה)
וְצִפּוֹרָה רוֹאָה אֶת שִׂמְחִי.

1 הֵם קוֹנִים קָפֶה בַּחֲנוּת.
הֵם שׁוֹתִים קָפֶה בַּחֲנוּת.

←3

2 גַּם הֵן קוֹנוֹת קָפֶה בַּחֲנוּת. (קנה)
גַּם הֵן שׁוֹתוֹת קָפֶה בַּחֲנוּת. (שתה)

ד

1 דָּנִי, רְאֵה מַשֶּׁהוּ!
דָּנִי, קְנֵה מַשֶּׁהוּ!
דָּנִי, שְׁתֵה מַשֶּׁהוּ!

←3

2 אֲבִיבָה, רְאִי מַשֶּׁהוּ! (ראה)
אֲבִיבָה, קְנִי מַשֶּׁהוּ! (קנה)
אֲבִיבָה, שְׁתִי מַשֶּׁהוּ! (שתה)

ה

אֲנִי רוֹצָה לִקְרֹא,
אֲנִי רוֹצָה לִכְתֹּב,

←1

אֲבָל אֵין לִי סֵפֶר.
אֲבָל אֵין לִי עִפָּרוֹן.

An Easy Beginning

Use each phrase on the right to begin a sentence of your own.

א אֵיךְ אֶפְשָׁר — איך אֶפְשָׁר לִקְנוֹת חָבֵר?

ב בִּשְׁבִיל מִי — בִּשְׁבִיל מִי הַמַּתָּנָה הַזֹּאת?

ג לָמָּה אַתָּה ______

ד הוּא צָרִיךְ ל ______

ה יֵשׁ לִי ______

ו הַאִם יֵשׁ לְךָ ______

ז אִמְרִי לִי יוֹסֵפָה, ______

ח אֲנִי רוֹאֶה ______

ט דְּבוֹרָה, בְּבַקָּשָׁה קְנִי ______

י מְאִירָה רוֹצָה לִכְתֹּב אֲבָל ______

Let's Get Moving

What a lazy group of boys and girls. No one is doing anything! See if you can get them moving.

א דָּוִד לֹא רוֹאֶה אֶת הַכֶּלֶב. (ראה) דָּוִד, רְאֵה אֶת הַכֶּלֶב!

ב אִילָנָה לֹא שׁוֹתָה חָלָב. (שתה) אִילָנָה, שְׁתִי חָלָב!

ג יִצְחָק לֹא קוֹנֶה מַתָּנָה. (קנה) יִצְחָק, קְנֵה

ד שָׂרָה לֹא רוֹאָה אֶת הָאוֹרֵחַ. ______

ה שׁוֹשַׁנָּה לֹא קוֹנָה סֵפֶר טוֹב. ______

ו יוֹנִי לֹא שׁוֹתֶה מִיץ תַּפּוּזִים. (orange juice) ______

ז רוּתִי לֹא רוֹאָה אֶת הַחוֹר בַּכִּיס. ______

ח אַהֲרוֹן לֹא קוֹנֶה אֶת הַכַּדּוּר. ______

רוֹאָה, רוֹאָה / שׁוֹתָה, שׁוֹתָה / הוֹלְכִים, הוֹלְכוֹת

Reversibles

Change these sentences from masculine to feminine, or from feminine to masculine.

א	דָּוִד וְיוֹסֵף הוֹלְכִים בָּרְחוֹב.	דְּבוֹרָה וְיוֹסֵפָה הוֹלְכוֹת בָּרְחוֹב.
ב	הִיא רוֹאָה סֵפֶר וְעִפָּרוֹן.	הוּא רוֹאֶה סֵפֶר וְעִפָּרוֹן.
ג	מָה אַתָּה רוֹאֶה עַל הַשֶּׁלֶט?	
ד	מִי שׁוֹתֶה אֶת הַמִּיץ (juice)?	
ה	אֲנִי (m) גָּדוֹל, אֲבָל הוּא קָטָן.	אֲנִי (f)
ו	הַמִּיץ הַזֶּה בִּשְׁבִילֵךְ.	הַמִּיץ
ז	לָמָּה אַתָּה צָרִיךְ לִקְנוֹת מַתָּנָה?	
ח	שִׁירָה, קְנִי עוּגָה בְּבַקָּשָׁה!	זְכַרְיָה,
ט	אַהֲרוֹן, שְׁתֵה אֶת הַמִּיץ!	אִילָנָה,
י	הֵם הוֹלְכִים אֶל הַבַּיִת הַגָּדוֹל.	הֵן אֶל הַכִּתָּה
יא	הֵם אוֹכְלִים אֲרוּחַת-בֹּקֶר.	
יב	הוּא מוֹרֶה טוֹב, אֲבָל הִיא תַּלְמִידָה טוֹבָה.	

Reading For Pleasure קְרִיאָה לְהֲנָאָה

Read the Hebrew story silently. Notice the underlined words and their English meaning.
Now cover the English and read the Hebrew story again.
Look at the picture. It will help you understand the story.

אֲבִיבָה וְהָאָח שֶׁלָּהּ

אֲבִיבָה יַלְדָּה גְדוֹלָה וְיָפָה, וְהִיא גַּם תַּלְמִידָה טוֹבָה.	
הִיא לוֹמֶדֶת עִבְרִית בְּכָל יוֹם. הִיא אוֹהֶבֶת לָלֶכֶת	every day
לְבֵית הַסֵּפֶר בְּכָל יוֹם וְלִלְמֹד עִבְרִית.	school
בְּבֵית הַסֵּפֶר אֲבִיבָה לוֹמֶדֶת לִקְרֹא וְלִכְתֹּב.	
יֵשׁ לַאֲבִיבָה אָח קָטָן בְּשֵׁם יִשְׂרָאֵל דָּנִי.	
גַּם יִשְׂרָאֵל דָּנִי, הָאָח הַקָּטָן שֶׁל אֲבִיבָה, רוֹצֶה לִלְמֹד עִבְרִית,	
אֲבָל הוּא עוֹד לֹא יוֹדֵעַ לִקְרֹא וְלִכְתֹּב אַנְגְּלִית.	
הוּא צָעִיר, אֲבָל הוּא רוֹצֶה לַעֲשׂוֹת מַה שֶּׁאֲבִיבָה עוֹשָׂה.	young / to do / does
אִמָּא נִכְנֶסֶת וְאוֹמֶרֶת: "דָּנִי, יֵשׁ לִי מַשֶּׁהוּ בִּשְׁבִילְךָ.	enters
אֱמֹר לִי, אַתָּה יוֹדֵעַ מַה זֶּה?"	

”כֵּן,“ אוֹמֵר דָּנִי, ”אֲנִי יוֹדֵעַ, כִּי אֲנִי רוֹאֶה	because
עִפָּרוֹן גָּדוֹל בַּכִּיס שֶׁלָּךְ וְגַם מַחְבֶּרֶת גְּדוֹלָה.	
הָעִפָּרוֹן וְהַמַּחְבֶּרֶת בִּשְׁבִילִי? תּוֹדָה רַבָּה!“	thanks a lot
אִמָּא: ”יֵשׁ לִי מַשֶּׁהוּ גַּם בִּשְׁבִילֵךְ אֲבִיבָה.	
הִנֵּה סִדּוּר יָפֶה מִירוּשָׁלַיִם,	from Jerusalem
כִּי בַּכִּתָּה שֶׁלָּךְ לוֹמְדִים לִקְרֹא אֶת הַתְּפִלּוֹת.“	prayers
”תּוֹדָה רַבָּה,“ אוֹמֶרֶת אֲבִיבָה, ”אֲנִי רוֹצָה לִקְרֹא	
וְלִלְמֹד אֶת כָּל הַתְּפִלּוֹת בַּסִּדּוּר שֶׁלִּי.“	
דָּנִי: ”גַּם אֲנִי רוֹצֶה לִלְמֹד אֶת כָּל הַתְּפִלּוֹת,	
אֲבָל הַסִּדּוּר הַיָּפֶה הַזֶּה שֶׁלָּךְ, אֲבִיבָה.“	
”אַתָּה צוֹדֵק, דָּנִי,“ אוֹמֶרֶת אֲבִיבָה,	you are right
”הַסִּדּוּר הַזֶּה שֶׁלִּי, אֲבָל . . . שֶׁלִּי שֶׁלְּךָ.	
בּוֹא דָּנִי, וַאֲנִי אֶעֱזֹר לְךָ לִלְמֹד תְּפִלּוֹת בַּסִּדּוּר.“	I will help you

Extra challenge: Cover the story. Look at the picture and tell the story in your own words.

The Jewish Connection תּוֹדָעָה יְהוּדִית

Love of learning — Kindness — Sensitivity

Younger brothers and sisters often want to have and to do everything that an older brother or sister has and does.

1. Why do you think that a younger child wants to copy an older child?
2. Do you think that a younger child should have what the older one has? Explain your answer.
3. How will דָּנִי gain by wanting to imitate everything אֲבִיבָה does?
4. How did their mother show that she understood what was bothering דָּנִי?
5. In Hebrew, we call “learning” תַּלְמוּד תּוֹרָה. How did אֲבִיבָה encourage דָּנִי in תַּלְמוּד תּוֹרָה?

Cross Country Marathon

Read each sentence and choose the correct word to complete it. Write the word with vowels in the blank space. Now copy the word without the vowels, into the numbered puzzle space. Follow the direction of the arrow. When you have completed the puzzle, read the Hebrew sentences aloud.

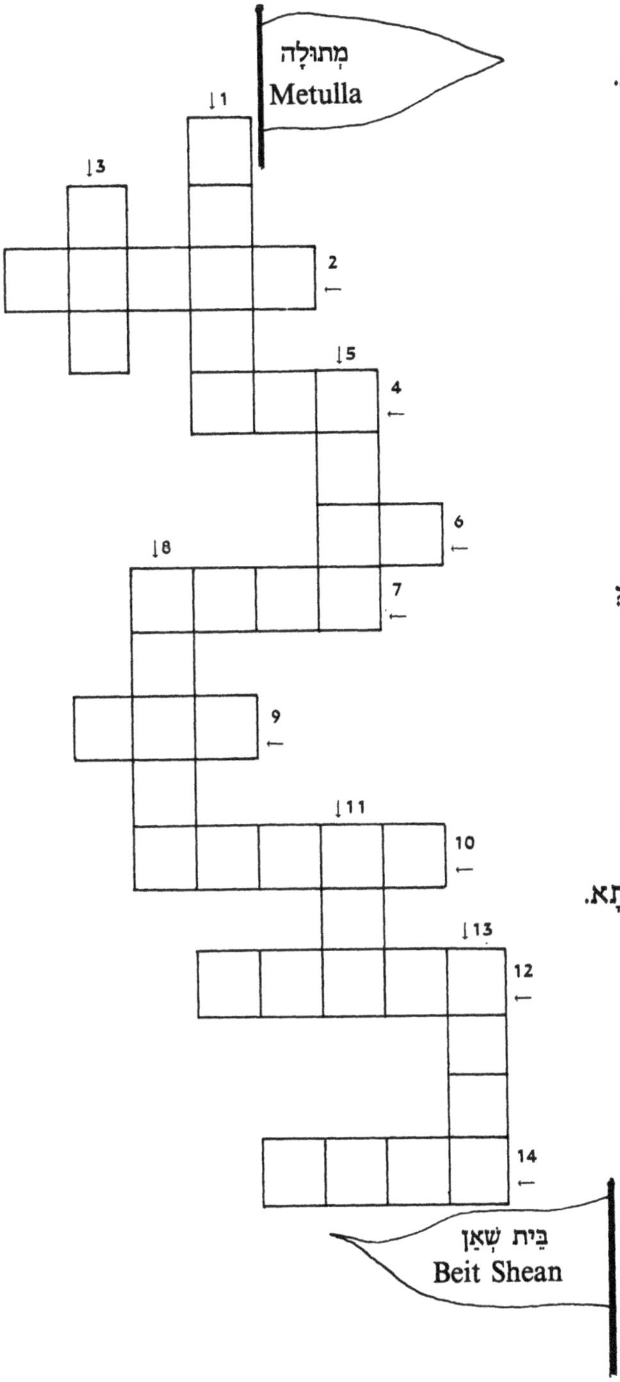

מְתוּלָה
Metulla
1
2
3
6
10
13
בֵּית שְׁאָן
Beit Shean

is for	1	הָאֲרוּחָה הַזֹּאת ______ אַבָּא.
friends (m)	2	מִי הַ ______ שֶׁלְּךָ?
how	3	______ אַתְּ יוֹדַעַת אֶת זֶה?
but	4	הוּא קָטָן ______ הִיא גְדוֹלָה.
possible	5	הַאִם ______ לֶאֱכֹל אֶת זֶה?
there is	6	______ מִיץ בַּחֲנוּת.
sees	7	הוּא ______ אֶת הַשֶּׁלֶט.
going	8	אֵיךְ אַתְּ ______ לְבֵית הַסֵּפֶר?
hers	9	הַסֵּפֶר הַזֶּה ______ .
to buy	10	אֲנִי צָרִיךְ ______ מַתָּנָה.
buy!	11	בְּבַקָּשָׁה דָּנִי, ______ לְךָ סֵפֶר!
loves	12	אֲבִיבָה ______ אֶת סַבָּא וְסַבְתָּא.
guest (m)	13	הָ ______ בַּבַּיִת שֶׁלִּי.
store	14	מִי רוֹצֶה לָלֶכֶת לַ ______?

חֲנוּת יֵשׁ	שֶׁלָּהּ לִקְנוֹת אוֹרֵחַ אוֹהֶבֶת	חֲבֵרִים בִּשְׁבִיל הוֹלֶכֶת רוֹאֶה	אֵיךְ קְנֵה! אֶפְשָׁר אֲבָל

שִׁעוּר רְבִיעִי
Lesson Four

What's New? מַה חָדָשׁ?

to play	א	לְשַׂחֵק (הוּא אוֹהֵב לְשַׂחֵק)
to speak		לְדַבֵּר (הוּא רוֹצֶה לְדַבֵּר עִבְרִית)
plural	ב	מוֹרֶה – מוֹרִים
nouns		חָבֵר – חֲבֵרִים
(masculine)		שֶׁלֶט – שְׁלָטִים

one	ג	אֶחָד (יֵשׁ לִי חָבֵר אֶחָד)
two		שְׁנֵי (יֵשׁ לִי שְׁנֵי חֲבֵרִים)
two		שְׁנַיִם (יֵשׁ לִי שְׁנַיִם) (Used when the number stands alone.)
three		שְׁלֹשָׁה
four		אַרְבָּעָה
five		חֲמִשָּׁה

Let's Read and Learn נִקְרָא וְנִלְמַד

א

1 ↓

הוּא אוֹהֵב לְשַׂחֵק כַּדּוּר־רֶגֶל.
הוּא אוֹהֵב לְשַׂחֵק כַּדּוּר־בָּסִיס.
הוּא אוֹהֵב לְשַׂחֵק כַּדּוּר־סַל.

←3

2 ↓

גַּם הִיא אוֹהֶבֶת לְשַׂחֵק כַּדּוּר־רֶגֶל. (שחק)
גַּם הִיא אוֹהֶבֶת לְשַׂחֵק כַּדּוּר־בָּסִיס.
גַּם הִיא אוֹהֶבֶת לְשַׂחֵק כַּדּוּר־סַל.

---

1 ↓

דָּנִי צָרִיךְ לְשַׂחֵק הַיּוֹם?
דָּנִי צָרִיךְ לְדַבֵּר הַיּוֹם?

←3

2 ↓

לֹא, אֲבִיבָה צְרִיכָה לְשַׂחֵק. (שחק)
לֹא, אֲבִיבָה צְרִיכָה לְדַבֵּר. (דבר)

ב

אֲנִי רוֹצֶה סִדּוּר.
אֲנִי רוֹצֶה סֵפֶר.
אֲנִי רוֹצֶה כִּיס.

←2

אֲבָל 1 ↓ הוּא רוֹצֶה סִדּוּרִים.
אֲבָל הוּא רוֹצֶה סְפָרִים.
אֲבָל הוּא רוֹצֶה כִּיסִים.

ג

1 ↓

הִנֵּה סֵפֶר אֶחָד.
הִנֵּה שְׁנֵי סְפָרִים.
הִנֵּה שְׁלֹשָׁה סְפָרִים.
הִנֵּה אַרְבָּעָה סְפָרִים.
הִנֵּה חֲמִשָּׁה סְפָרִים.

←3

2 ↓

וְהִנֵּה סִדּוּר אֶחָד.
וְהִנֵּה שְׁנֵי סִדּוּרִים.
וְהִנֵּה שְׁלֹשָׁה סִדּוּרִים.
וְהִנֵּה אַרְבָּעָה סִדּוּרִים.
וְהִנֵּה חֲמִשָּׁה סִדּוּרִים.

How Many? כַּמָּה?

כַּמָּה הוּא רוֹאֶה?	כַּמָּה הִיא רוֹאָה?

א הוּא רוֹאֶה יֶלֶד אֶחָד (יֶלֶד)

ב הִיא רוֹאָה אַרְבָּעָה כְּלָבִים (כֶּלֶב)

ג הִיא ______ (סִדּוּר)

ד הוּא ______ (חָבֵר)

ה אַהֲרוֹן ______ (גַּן)

ו צִפּוֹרָה ______ (כִּיס)

ז יוֹנִי ______ (סֵפֶר)

ח הַתַּלְמִיד ______ (מוֹרֶה)

ט הַמּוֹרָה ______ (תַּלְמִיד)

שְׁלֹשָׁה	שְׁנֵי	אֶחָד	חֲמִשָּׁה	אַרְבָּעָה

Reading for Pleasure קְרִיאָה לְהֲנָאָה

## רֵאָיוֹן עִם תַּלְמִידָה חֲדָשָׁה	interview / new
אֲנִי "יוֹסִי הַכַּתָּב", וַאֲנִי כּוֹתֵב אֶת הָרֵאָיוֹן הַזֶּה	reporter
בָּעִתּוֹן שֶׁל בֵּית הַסֵּפֶר. יֵשׁ לִי הַיּוֹם רֵאָיוֹן עִם אֲבִיבָה.	school newspaper
אֲבִיבָה תַּלְמִידָה חֲדָשָׁה בְּבֵית הַסֵּפֶר שֶׁלָּנוּ.	our school
הַכַּתָּב: אִמְרִי לִי אֲבִיבָה, אֵיךְ אַתְּ אוֹהֶבֶת אֶת בֵּית הַסֵּפֶר?	
אֲבִיבָה: אֲנִי שְׂמֵחָה מְאֹד פֹּה. יֵשׁ לִי מוֹרָה טוֹבָה,	very happy / here
וְזֶה מְעַנְיֵן מְאֹד לִלְמֹד בַּכִּתָּה שֶׁלָּהּ. יֵשׁ לִי גַּם הַרְבֵּה	interesting / many
חֲבֵרִים וַחֲבֵרוֹת בְּבֵית הַסֵּפֶר הַזֶּה.	
כ: אֵיזֶה נוֹשֵׂא אַתְּ אוֹהֶבֶת בְּיוֹתֵר?	which subject / the most
א: אֲנִי אוֹהֶבֶת סִפְרוּת, סִפְרוּת אַנְגְּלִית וְגַם סִפְרוּת עִבְרִית.	literature
כ: אִמְרִי לִי אֲבִיבָה, יֵשׁ לָךְ מִשְׁפָּחָה גְּדוֹלָה?	
א: כֵּן, גְּדוֹלָה וְיָפָה. יֵשׁ לִי אָח אֶחָד. הוּא הָאָח הַקָּטָן שֶׁלִּי.	
כ: מַה שֵּׁם הָאָח הַקָּטָן שֶׁלָּךְ?	
א: יֵשׁ לוֹ שְׁנֵי שֵׁמוֹת, יִשְׂרָאֵל וְדָנִי, אֲבָל קוֹרְאִים לוֹ	names / he's called
בְּשֵׁם אֶחָד – דָּנִי.	
כ: אִמְרִי לִי מַשֶּׁהוּ עַל הַמִּשְׁפָּחָה שֶׁלָּךְ.	
א: אִמָּא שֶׁלִּי מוֹרָה לְעִבְרִית, וְהִיא מוֹרָה טוֹבָה. וְאַבָּא	
שֶׁלִּי הוּא רוֹפֵא טוֹב וְהוּא עוֹזֵר לַחוֹלִים. יֵשׁ לִי סַבָּא	doctor / helps the sick
וְסַבְתָּא מִנְיוּ־גֶ'רְסִי וְגַם סַבָּא וְסַבְתָּא מִבּוֹסְטוֹן.	
לְאַבָּא שֶׁלִּי יֵשׁ סַבָּא זָקֵן וְסַבְתָּא זְקֵנָה. קוֹרְאִים לָהֶם	old / they are called
"בָּבִּי וְזֵיידִי". אֲנִי אוֹהֶבֶת לְבַקֵּר אוֹתָם.	to visit them
כ: יֵשׁ לָךְ בֶּאֱמֶת מִשְׁפָּחָה יָפָה. אִמְרִי לִי, יֵשׁ לָךְ תַּחְבִּיב?	really / hobby
א: כֵּן, אֲנִי אוֹהֶבֶת לִקְרֹא כָּל מִינֵי סְפָרִים וְגַם לְנַגֵּן בְּגִיטָרָה.	all kinds of / to play
כ: זֶה מְעַנְיֵן מְאֹד.	very interesting
א: אֲנִי גַּם אוֹהֶבֶת לִכְתֹּב מִכְתָּבִים לַחֲבֵרִים וְלַמִּשְׁפָּחָה.	letters
כ: מ־מ־מ, אַתְּ אוֹהֶבֶת לִכְתֹּב מִכְתָּבִים? אוּלַי אַתְּ רוֹצָה	maybe
לִכְתֹּב מִכְתָּב לָעוֹרֵךְ שֶׁל הָעִתּוֹן הַזֶּה?	letter to the editor
א: כֵּן, בְּוַדַּאי!	of course
כ: תּוֹדָה רַבָּה, אֲבִיבָה, עַל הָרֵאָיוֹן הַמְּעַנְיֵן. בְּהַצְלָחָה!	good luck

The Jewish Connection תּוֹדָעָה יְהוּדִית

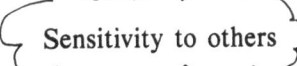

Sensitivity to others | Family ties | Pride in family

Not all of us have lots of brothers and sisters. Our **immediate** family may be small, but we also have an "**extended** family" – aunts, uncles, cousins, grandparents.

How can we keep in touch with our extended family? Do you think it is a good idea to keep close family ties? Why?

In the interview you just read, how does Aviva show that she loves her family?

My Crossword Puzzle הַתַּשְׁבֵּץ שֶׁלִּי

Complete each sentence with a Hebrew word (with vowels).
Now copy the word, without vowels, into the puzzle.

Across

1 ______ הוּא יוֹדֵעַ? (how (does))

3 עַל הַ ______ , "בְּרוּכִים הַבָּאִים". (sign)

5 כֵּן, זֶה ______ (possible)

7 הוּא אוֹהֵב לְשַׂחֵק בַּ ______ . (park)

8 ______ לוֹמְדִים עִבְרִית. (they (m))

9 גַּם ______ לוֹמְדוֹת עִבְרִית. (they (f))

10 ______ רוֹצֶה לְשַׂחֵק? (who)

11 הוּא גָּדוֹל ______ הִיא קְטַנָּה. (but)

12 ______ לִי, מִי בְּבַּתָּה? (tell (m))

Down

1 ______ הַסֵּפֶר שֶׁלִּי? (where (is))

2 זֶה לֹא גָּדוֹל. זֶה ______ . (small)

4 הוּא רוֹצֶה לָלֶכֶת ______ . (to the park)

6 מַה ______ הַיֶּלֶד? (name)

9 הוּא רוֹצֶה כֶּלֶב אֶחָד,
וְ ______ רוֹצָה שְׁנַיִם. (she)

Turn the page upside down and check to see if you have spelled the words correctly!

מִי אֱמֹר שֶׁלֶט לַגַּן שֵׁם אֵיפֹה אֵיךְ הֵם אֶפְשָׁר קָטָן אֲבָל
גַּן הִיא הֵן

Everyone is Busy

Choose words from group א and group ב and write sentences describing the pictures.

א	
רוֹצֶה – רוֹצָה ל... wants to	יוֹדֵעַ – יוֹדַעַת ל... knows how to
אוֹהֵב – אוֹהֶבֶת ל... loves to	צָרִיךְ – צְרִיכָה ל... has to

ב		
לְדַבֵּר to speak	לְשַׂחֵק to play	לֶאֱכֹל to eat
לִקְנוֹת to buy	לִקְרֹא to read	לִכְתֹּב to write

א הַיֶּלֶד הַיֶּלֶד רוֹצֶה לְשַׂחֵק בַּגַּן. הוּא אוֹהֵב לְשַׂחֵק כַּדּוּר-רֶגֶל.

ב הַיַּלְדָּה ______________________

ג הַיֶּלֶד ______________________

ד הַיַּלְדָּה ______________________

ה הַיֶּלֶד ______________________

I Can Read Without Vowels! אֲנִי קוֹרֵא בְּלִי נִקּוּד!

Read this short story. Make sure you understand it.

דָּנִי אוֹהֵב לְשַׂחֵק כַּדּוּר־רֶגֶל. הוּא הוֹלֵךְ לְשַׂחֵק בַּגַּן.
גַּם יוֹנִי, אַהֲרוֹן וְשִׂמְחִי הוֹלְכִים לַגַּן לְשַׂחֵק כַּדּוּר־
רֶגֶל, אֲבָל הֵם גְּדוֹלִים, וְדָנִי אוֹהֵב לְשַׂחֵק עִם (with)
חֲבֵרִים קְטַנִּים.

Read the story again, and make up a good Hebrew title for it.

שֵׁם הַסִּפּוּר ______________________________

Now answer these questions.

א מִי אוֹהֵב לְשַׂחֵק כַּדּוּר־רֶגֶל? ______________________________

ב מִי עוֹד הוֹלֵךְ לַגַּן לְשַׂחֵק? ______________________________

Cover the top part of the page and read the short story aloud without vowels.

דני אוהב לשחק כדור־רגל. הוא הולך לשחק בגן.
גם יוני, אהרון ושמחי הולכים לגן לשחק כדור־
רגל, אבל הם גדולים, ודני אוהב לשחק עם
חברים קטנים.

Now read one word at a time, and write in all the vowels.
Keep the top part of the page covered unless you need help.

Cross Country Marathon

Read each sentence and choose the correct word to complete it. Write the word with vowels in the blank space. Now copy the word, without the vowels, into the numbered puzzle space. Follow the direction of the arrow. When you have completed the puzzle, read the Hebrew sentences aloud.

1 loves   דָּנִי _____ לְשַׂחֵק בַּגַּן.

2 but   הִיא מוֹרָה _____ הוּא תַּלְמִיד.

3 foot-ball   אֲנִי אוֹהֵב לְשַׂחֵק _____ – _____.

4 friends (m, pl)   יֵשׁ לְאַהֲרוֹן _____ טוֹבִים.

5 guests (m, pl)   _____ בָּאִים הַיּוֹם.

6 one   יֵשׁ לִי סִדּוּר _____.

7 big   הַמַּתָּנָה הַזֹּאת _____.

8 park   אֵיפֹה הַ _____ הַגָּדוֹל?

9 to play   אֲבִיבָה אוֹהֶבֶת _____ בַּבַּיִת.

10 friend   הִיא _____ טוֹבָה.

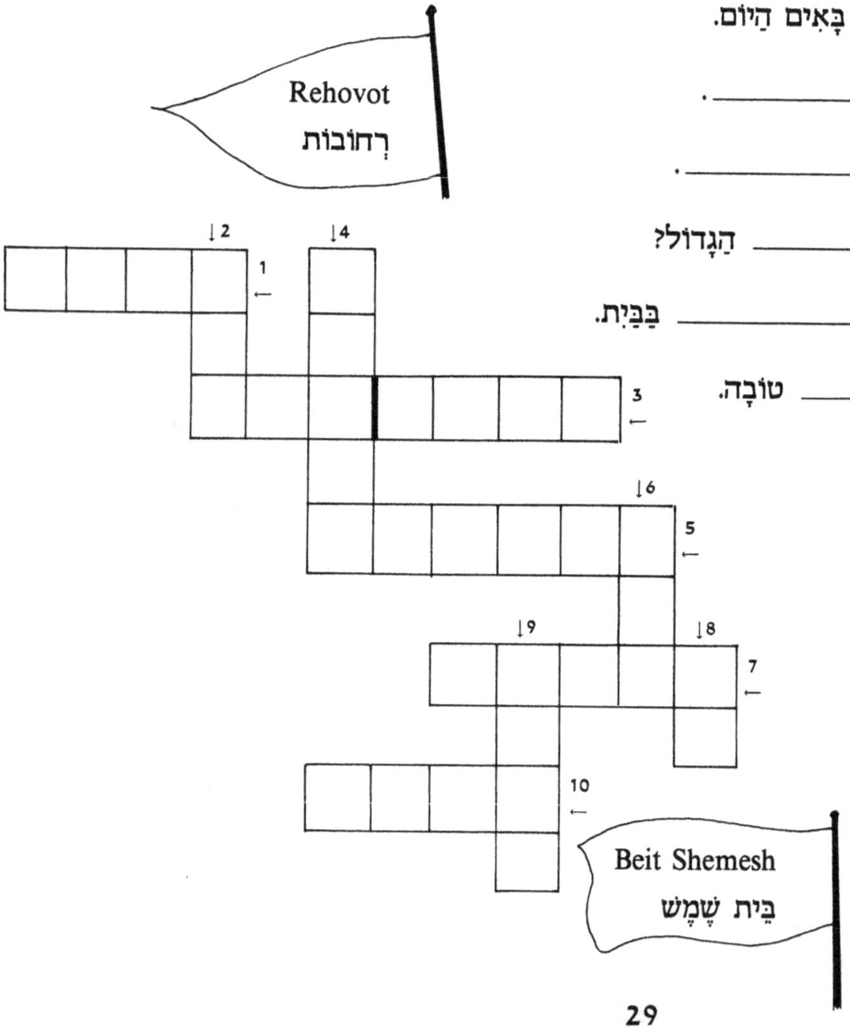

Rehovot
רְחוֹבוֹת

Beit Shemesh
בֵּית שֶׁמֶשׁ

אֶחָד
גְּדוֹלָה
אוֹהֵב
כַּדּוּר־רֶגֶל
אֲבָל
לְשַׂחֵק
חֲבֵרִים
אוֹרְחִים
גַּן
חֲבֵרָה

29

שִׁעוּר חֲמִישִׁי
Lesson Five

What's New? מַה חָדָשׁ?

because	א	כִּי (כִּי הוּא אָח טוֹב)	
doing	ב	עוֹשֶׂה (הוּא עוֹשֶׂה מַשֶּׁהוּ)	
(f)		עוֹשָׂה	
(pl)		עוֹשִׂים, עוֹשׂוֹת	עשה
(m) help	ג	עוֹזֵר (הוּא עוֹזֵר לִי)	
(f)		עוֹזֶרֶת	
(pl)		עוֹזְרִים, עוֹזְרוֹת	עזר
to do	ד	לַעֲשׂוֹת (אֲנִי רוֹצֶה לַעֲשׂוֹת מַשֶּׁהוּ)	
to help		לַעֲזוֹר (אֲנִי רוֹצֶה לַעֲזוֹר לְךָ)	

Let's Read and Learn נִקְרָא וְנִלְמַד

א

אֲבִיבָה		דָּנִי		אֲבִיבָה
שֶׁקֶט בְּבַקָּשָׁה.	1←	אֲבָל לָמָּה?	1←	כִּי אֲנִי רוֹצָה לִלְמֹד.
שֶׁקֶט בְּבַקָּשָׁה.		אֲבָל לָמָּה?		כִּי אֲנִי רוֹצָה לִקְרֹא.

ב

1↓	מַה עוֹשֶׂה הַתַּלְמִיד?	3←	2↓ וּמַה עוֹשָׂה הַתַּלְמִידָה?	עשה
	מַה קוֹנֶה הַתַּלְמִיד?		וּמַה קוֹנָה הַתַּלְמִידָה?	קנה
	מַה שׁוֹתֶה הַתַּלְמִיד?		וּמַה שׁוֹתָה הַתַּלְמִידָה?	שתה
	מַה רוֹאֶה הַתַּלְמִיד?		וּמַה רוֹאָה הַתַּלְמִידָה?	ראה
1↓	הֵם עוֹשִׂים מַשֶּׁהוּ.	3←	2↓ וְהֵן עוֹשׂוֹת מַשֶּׁהוּ.	הֵם they (m)
	הֵם קוֹנִים מַשֶּׁהוּ.		וְהֵן קוֹנוֹת מַשֶּׁהוּ.	
	הֵם שׁוֹתִים מַשֶּׁהוּ.		וְהֵן שׁוֹתוֹת מַשֶּׁהוּ.	הֵן they (f)
	הֵם רוֹאִים מַשֶּׁהוּ.		וְהֵן רוֹאוֹת מַשֶּׁהוּ.	

ג

1↓	הוּא עוֹזֵר לְאַבָּא.	3←	2↓ וְהִיא עוֹזֶרֶת לְאִמָּא.	
	הוּא עוֹזֵר לְסַבָּא.		וְהִיא עוֹזֶרֶת לְסַבְתָּא.	
1↓	הֵם עוֹזְרִים לִי.	3←	2↓ גַּם הֵן עוֹזְרוֹת לִי.	עזר
	הֵם עוֹזְרִים לְךָ.		גַּם הֵן עוֹזְרוֹת לְךָ.	

ד

1↓	אַתָּה רוֹצֶה לַעֲזוֹר לִי?	3←	לֹא. 2↓ אֲנִי צָרִיךְ לַעֲשׂוֹת מַשֶּׁהוּ.	
	הוּא רוֹצֶה לַעֲזוֹר לִי?		לֹא. הוּא צָרִיךְ לַעֲשׂוֹת מַשֶּׁהוּ.	עשה

There's a Reason for Everything

These sentences are incomplete. Find the ending that matches the beginning, and complete each sentence.

כִּי
because

א דָּנִי עוֹזֵר לְדוֹד יוֹנִי ‎כִּי הוּא אוֹהֵב אֶת הַדּוֹד שֶׁלוֹ.

ב אֲבִיבָה אוֹכֶלֶת עוּגָה טוֹבָה _____

ג אֲנִי עוֹזֶרֶת לַחֲבֵרָה שֶׁלִּי _____

ד אֲנִי עוֹשָׂה קָפֶה הַיּוֹם _____

ה הֵם עוֹזְרִים לִי _____

ו הֵן עוֹזְרוֹת לָךְ _____

ז הוּא צָרִיךְ לָלֶכֶת מָחָר _____

ח אֲנִי אוֹמֶרֶת "בְּרוּכִים הַבָּאִים" _____

כִּי הִיא חֲבֵרָה טוֹבָה.	כִּי יֵשׁ עוּגָה טוֹבָה בַּבַּיִת.
כִּי הֵן חֲבֵרוֹת טוֹבוֹת.	כִּי אַבָּא אוֹהֵב לִשְׁתּוֹת קָפֶה.
כִּי הֵם חֲבֵרִים טוֹבִים.	כִּי הוּא אוֹהֵב אֶת הַדּוֹד שֶׁלוֹ.
כִּי הוּא לֹא הוֹלֵךְ הַיּוֹם.	כִּי אוֹרְחִים בַּבַּיִת.

31

אֲנִי כּוֹתֵב חִבּוּר / אֲנִי כּוֹתֶבֶת חִבּוּר

Use as many action words as you wish to tell us what you do every day.

מַה שֶּׁאֲנִי עוֹשֶׂה (עוֹשָׂה) בְּכָל יוֹם

הוֹלֵךְ, הוֹלֶכֶת לָלֶכֶת
אוֹכֵל, אוֹכֶלֶת לֶאֱכֹל
אוֹמֵר, אוֹמֶרֶת
קוֹנֶה, קוֹנָה לִקְנוֹת
קְנֵה! קְנִי!
עוֹשֶׂה, עוֹשָׂה לַעֲשׂוֹת
עוֹזֵר, עוֹזֶרֶת לַעֲזוֹר
שׁוֹתֶה, שׁוֹתָה
לִקְרֹא לִכְתֹּב לִלְמֹד לְשַׂחֵק

What's the Answer? מַה הַתְּשׁוּבָה?

הִנֵּה הַשְּׁאֵלוֹת.			מַה הַתְּשׁוּבוֹת?
א	לָמָּה אַתְּ קוֹנָה אֶת הַסֵּפֶר?	קנה	כִּי אֲנִי צְרִיכָה לִקְנוֹת אֶת הַסֵּפֶר. (have to buy)
ב	לָמָּה אַתָּה כּוֹתֵב בְּעִבְרִית?	כתב	כִּי אֲנִי יוֹדֵעַ לִכְתֹּב בְּעִבְרִית. (know how to write)
ג	לָמָּה אַתָּה הוֹלֵךְ הַבַּיְתָה?	הלך	כִּי אֲנִי הַבַּיְתָה. (want to go)
ד	לָמָּה אַתְּ לֹא אוֹכֶלֶת בֵּיצָה?	אכל	לא (like to eat)
ה	לָמָּה אַתָּה עוֹזֵר לְשִׁירָה?	עזר	(like to help)
ו	לָמָּה אַתְּ לוֹמֶדֶת עִבְרִית?	למד	(want to learn)
ז	לָמָּה אַתְּ עוֹשָׂה כַּפָּה?	עשה	(know how to make)
ח	לָמָּה אַתָּה קוֹנֶה מַתָּנָה?	קנה	(have to buy)
ט	לָמָּה אַתְּ עוֹזֶרֶת לַמּוֹרָה?	עזר	(like to help)
י	לָמָּה אַתָּה עוֹשֶׂה קָפֶה?	עשה	(have to make)

Cross Country Marathon

1	to buy	מַה אַתָּה רוֹצֶה ______?
2	to help	אֲנִי אוֹהֶבֶת ______ לְסַבְתָּא.
3	helps	דָּנִי ______ לְסַבָּא.
4	to do	מַה אַתְּ רוֹצָה ______?
5	helps	אֲבִיבָה ______ לְסַבְתָּא.
6	foot-ball	דָּנִי אוֹהֵב לְשַׂחֵק ______–______.
7	one	טוֹבִים הַשְּׁנַיִם מִן הָ______.
8	possible	כֵּן, זֶה ______ לַעֲשׂוֹת.
9	guest	יֵשׁ ______ בַּבַּיִת שֶׁלִּי.
10	because	יוֹסֵפָה עוֹזֶרֶת ______ הִיא אוֹהֶבֶת לַעֲזֹר.
11	mine, my	הוּא הָאָח ______.
12	two	יֵשׁ לִי ______ סִדּוּרִים.
13	for me	הַכֶּלֶב הַזֶּה ______?
14	there is	______ מוֹרָה טוֹבָה בַּכִּתָּה הַזֹּאת.
15	but	______ אֵיךְ אֶפְשָׁר לַעֲשׂוֹת אֶת זֶה?

15
בְּאֵר־שֶׁבַע
Beer Sheva
5
1
יַהַל
Yahel

כִּי	כַּדּוּר־רֶגֶל	שֶׁלִּי
אֶפְשָׁר	אֶחָד	בִּשְׁבִילִי
לַעֲזֹר	יֵשׁ	עוֹזֵר
אֲבָל	שְׁנֵי	לִקְנוֹת
עוֹזֶרֶת	אוֹרֵחַ	לַעֲשׂוֹת

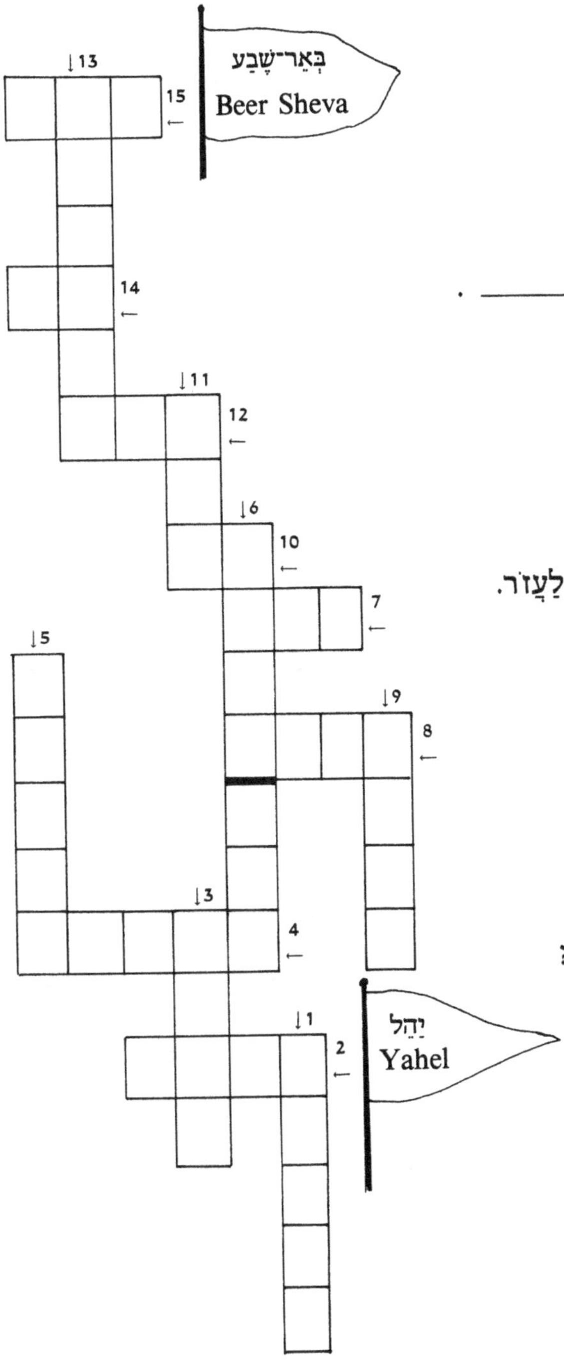

שִׁעוּר שִׁשִּׁי
Lesson Six

מַה חָדָשׁ?

א נוֹתֵן (הוּא נוֹתֵן לֶחֶם.) giving
נוֹתֶנֶת, נוֹתְנִים, נוֹתְנוֹת (נתן)

ב מוֹכֵר (הוּא מוֹכֵר עִתּוֹנִים.) selling
מוֹכֶרֶת, מוֹכְרִים, מוֹכְרוֹת (מכר)

ג לָתֵת (הוּא רוֹצֶה לָתֵת צְדָקָה.) to give
לִמְכֹּר (הוּא צָרִיךְ לִמְכֹּר עִתּוֹנִים.) to sell

ד בְּ בָּ בִּ בַּ with*
(הוּא נוֹתֵן צְדָקָה בַּכֶּסֶף שֶׁלּוֹ.)

*We have already learned that בְּ בַּ בָּ בִּ can also mean in: הוּא בַּבַּיִת.

נִקְרָא וְנִלְמַד

א

1 הוּא נוֹתֵן לִי עִתּוֹן.
הוּא נוֹתֵן לִי סִדּוּר.
הוּא נוֹתֵן לִי כֶּסֶף.

←3

2 הִיא נוֹתֶנֶת לִי עִתּוֹן.
הִיא נוֹתֶנֶת לִי סִדּוּר.
הִיא נוֹתֶנֶת לִי כֶּסֶף.
(נתן)

1 מִי נוֹתֶנֶת צְדָקָה?
מִי נוֹתֶנֶת מַתָּנָה?

←3

2 הֵן נוֹתְנוֹת צְדָקָה.
הֵן נוֹתְנוֹת מַתָּנָה.

ב

1 אַתָּה מוֹכֵר עִתּוֹנִים?
אַתָּה מוֹכֵר סְפָרִים?

←3

2 אַתְּ מוֹכֶרֶת עִתּוֹנִים?
אַתְּ מוֹכֶרֶת סְפָרִים?
(מכר)

1 הֵם מוֹכְרִים לֶחֶם.
הֵם אוֹכְלִים לֶחֶם.

←3

2 וְהֵן מוֹכְרוֹת לֶחֶם.
וְהֵן אוֹכְלוֹת לֶחֶם.

ג

1 סַבָּא נוֹתֵן צְדָקָה.
סַבָּא נוֹתֵן מַתָּנָה.

←3

2 הוּא רוֹצֶה לָתֵת צְדָקָה.
הוּא רוֹצֶה לָתֵת מַתָּנָה.
(נתן)

1 מֹשֶׁה מוֹכֵר שְׁלָטִים?
מֹשֶׁה מוֹכֵר סְפָרִים?

←3

2 כֵּן, הוּא אוֹהֵב לִמְכֹּר שְׁלָטִים.
כֵּן, הוּא אוֹהֵב לִמְכֹּר סְפָרִים.
(מכר)

ד

1 יוֹנִי נוֹתֵן צְדָקָה בַּכֶּסֶף שֶׁלּוֹ.
יוֹנִי נוֹתֵן מַתָּנָה בַּכֶּסֶף שֶׁלּוֹ.

←3

2 עֲלִיזָה נוֹתֶנֶת צְדָקָה בַּכֶּסֶף שֶׁלָּהּ.
עֲלִיזָה נוֹתֶנֶת מַתָּנָה בַּכֶּסֶף שֶׁלָּהּ.
(נתן)

Here's a Clue – Now What Do I Do?

Read the clues. Now pretend you are speaking for the male or female stick figure and tell us what you want to do with your clue. Some of the flash cards might be used more than once, and others perhaps not at all.

רְמָזִים clues		מַה אַתָּה רוֹצֶה (אַתְּ רוֹצָה) לַעֲשׂוֹת?
א הִנֵּה סֵפֶר	אֲנִי	רוֹצָה לִקְרֹא אֶת הַסֵּפֶר.
ב אֵין לְךָ כֶּסֶף	אֲנִי	רוֹצֶה לִמְכֹּר עִתּוֹנִים.
ג הִנֵּה הַחֲבֵרִים שֶׁלָּךְ	אֲנִי	רוֹצָה לְשַׂחֵק כַּדּוּר-רֶגֶל
ד יֵשׁ לָךְ כֶּסֶף	אֲנִי	רוֹצָה ל
ה יֵשׁ לְךָ עִפָּרוֹן	אֲנִי	
ו אַתָּה רוֹאֶה חֲנוּת	אֲנִי	
ז סַבְתָּא חוֹלָה sick	אֲנִי	
ח הִנֵּה טֶלֶפוֹן	אֲנִי	
ט עַל הַשֻּׁלְחָן גְּלִידָה ice cream	אֲנִי	
י הַחֲבֵרִים הוֹלְכִים לַגַּן	אֲנִי	

לְשַׂחֵק to play	לִכְתֹּב to write	לִקְרֹא to read	לָלֶכֶת to go	לָתֵת to give
לִמְכֹּר to sell	לִקְנוֹת to buy	לֶאֱכֹל to eat	לְדַבֵּר to speak	לַעֲזֹר to help

גַּם אֲנִי! Me Too!

דָּנִי wants to do everything that אֲבִיבָה does. Help him say what he wants to do.

וְדָנִי רוֹצֶה לַעֲשׂוֹת . . .		אֲבִיבָה עוֹשָׂה . . .	
גַּם אֲנִי רוֹצֶה לִקְנוֹת מַתָּנָה.		בַּכֶּסֶף שֶׁלִּי אֲנִי קוֹנָה מַתָּנָה. (קנה)	א
גַּם אֲנִי רוֹצֶה לָלֶכֶת לַגַּן.		בָּרַגְלַיִם שֶׁלִּי אֲנִי הוֹלֶכֶת לַגַּן. (הלך)	ב
		בָּעִפָּרוֹן שֶׁלִּי אֲנִי כּוֹתֶבֶת עִבְרִית. (כתב)	ג
		בַּיָּדַיִם שֶׁלִּי אֲנִי מוֹכֶרֶת עִתּוֹנִים. (מכר)	ד
		בַּפֶּה שֶׁלִּי אֲנִי אוֹכֶלֶת לֶחֶם. (אכל)	ה
		בַּגִּיר שֶׁלִּי אֲנִי כּוֹתֶבֶת עַל הַלּוּחַ. (כתב)	ו
		בַּכֶּסֶף שֶׁלִּי אֲנִי נוֹתֶנֶת צְדָקָה. (נתן)	ז
		בַּיָּדַיִם שֶׁלִּי אֲנִי עוֹזֶרֶת לְאִמָּא. (עזר)	ח

לִקְנוֹת	לָלֶכֶת	לֶאֱכֹל	לָתֵת	לִכְתֹּב	לִמְכֹּר	לַעֲזֹר

37

I Can Read without Vowels! אֲנִי קוֹרֵא בְּלִי נִקּוּד!

Read this short story. Make sure you understand it.

אֲבִיבָה עוֹשָׂה מַה שֶׁכָּל אֶחָד צָרִיךְ לַעֲשׂוֹת.
הִיא נוֹתֶנֶת צְדָקָה.
אֲבִיבָה נוֹתֶנֶת צְדָקָה בַּכֶּסֶף שֶׁלָּהּ. זֶה לֹא הַכֶּסֶף
שֶׁל אַבָּא, וְזֶה לֹא הַכֶּסֶף שֶׁל אִמָּא. זֶה הַכֶּסֶף
שֶׁל אֲבִיבָה. הִיא עוֹשָׂה דָּבָר טוֹב וְיָפֶה.

Read the story again, and make up a good Hebrew title for it.

שֵׁם הַסִּפּוּר ______________________________

Now answer these questions.

א מַה עוֹשָׂה אֲבִיבָה? ______________________________

ב מַה נוֹתֶנֶת אֲבִיבָה בַּכֶּסֶף שֶׁלָּהּ? ______________________________

Cover the top part of the page and read the short story aloud – without vowels.

אביבה עושה מה שכל אחד צריך לעשות.
היא נותנת צדקה.
אביבה נותנת צדקה בכסף שלה. זה לא הכסף
של אבא, וזה לא הכסף של אמא. זה הכסף
של אביבה. היא עושה דבר טוב ויפה.

Now read one word at a time, and write in all the vowels.
Keep the top part of the page covered unless you need help

Cross Country Marathon

how	1	______ אַתָּה יוֹדֵעַ?
see	2	מַה אַתָּה ______ עַל הַשֶּׁלֶט?
tomorrow	3	הוּא צָרִיךְ לָלֶכֶת ______
what	4	______ אַתְּ רוֹצָה לַעֲשׂוֹת?
charity	5	כָּל אֶחָד צָרִיךְ לָתֵת ______.
thing	6	זֶה ______ יָפֶה.
to sell	7	הוּא צָרִיךְ ______ עִתּוֹנִים.
money	8	אֵין לִי ______.
to do	9	מַה אַתָּה רוֹצֶה ______?
gives	10	סַבְתָּא ______ מַתָּנָה לַאֲבִיבָה.
to give	11	יוֹסֵפָה אוֹהֶבֶת ______ צְדָקָה.
gift	12	הִנֵּה ______ בִּשְׁבִילְךָ.
to buy	13	גַּם אֲנִי רוֹצֶה ______ מַשֶּׁהוּ.
tell (f) me!	14	______ ______, מַה שְּׁמֵךְ?
but	15	אֲנִי רוֹאֶה אֶת הַדָּבָר, ______ מַה זֶּה?

13
14
11
7
9
3
4
1

נוֹתֶנֶת	לִמְכֹּר	רוֹאֶה	אֵיךְ	לָתֵת
אִמְרִי לִי	לִקְנוֹת	מָחָר	צְדָקָה	דָּבָר
מַתָּנָה	לַעֲשׂוֹת	מַה	כֶּסֶף	אֲבָל

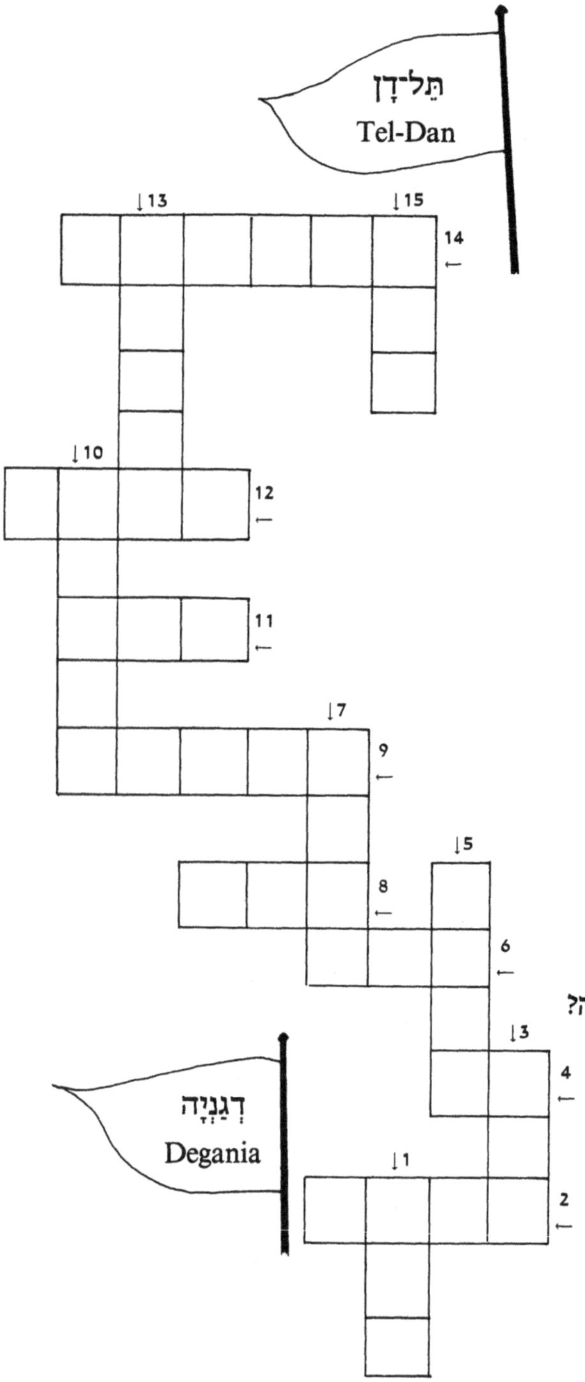

שִׁעוּר שְׁבִיעִי
Lesson Seven

מָה חָדָשׁ?

to him	א	לוֹ (אַבָּא נוֹתֵן לוֹ אֲרוּחָה.)	why	ג	מַדּוּעַ* (מַדּוּעַ אַתָּה הוֹלֵךְ?)
to her		לָהּ (סַבָּא נוֹתֵן לָהּ אֲרוּחָה.)	when		מָתַי (מָתַי אַתָּה לוֹמֵד?)
if	ב	אִם (אִם אַתָּה רוֹצֶה, בּוֹא!)	by myself	ד	בְּעַצְמִי (אֲנִי לוֹמֶדֶת בְּעַצְמִי.)
			impossible		אִי־אֶפְשָׁר (זֶה אִי־אֶפְשָׁר.)

* לָמָה = מַדּוּעַ

נִקְרָא וְנִלְמַד

א
אַבָּא נוֹתֵן לְדָנִי סֵפֶר.
אַבָּא נוֹתֵן לְדָנִי סִדּוּר.
←2
1 אַבָּא נוֹתֵן לוֹ סֵפֶר.
אַבָּא נוֹתֵן לוֹ סִדּוּר.

אִמָּא נוֹתֶנֶת לַאֲבִיבָה עִתּוֹן.
אִמָּא נוֹתֶנֶת לַאֲבִיבָה מַתָּנָה.
←2
1 אִמָּא נוֹתֶנֶת לָהּ עִתּוֹן.
אִמָּא נוֹתֶנֶת לָהּ מַתָּנָה.

1 אֵין לוֹ כֶּסֶף.
אֵין לוֹ כִּיס.
←3
2 אֲבָל יֵשׁ לָהּ כֶּסֶף.
אֲבָל יֵשׁ לָהּ כִּיס.

ב
אִם הוּא אוֹכֵל
אִם הוּא כּוֹתֵב
←1
גַּם הִיא אוֹכֶלֶת.
גַּם הִיא כּוֹתֶבֶת.

ג
לָמָה אַתָּה מוֹכֵר עִתּוֹנִים?
לָמָה אַתָּה מוֹכֵר סְפָרִים?
←2
1 מַדּוּעַ אַתָּה מוֹכֵר עִתּוֹנִים?
מַדּוּעַ אַתָּה מוֹכֵר סְפָרִים?

אֲנִי צָרִיךְ לָלֶכֶת.
אֲנִי צָרִיךְ לֶאֱכֹל.
←2
1 מָתַי אַתָּה צָרִיךְ לָלֶכֶת?
מָתַי אַתָּה צָרִיךְ לֶאֱכֹל?

ד
מִי עוֹד אוֹכֵל בַּבַּיִת?
מִי עוֹד הוֹלֵךְ אֶל הַבַּיִת?
←2
1 אֲנִי אוֹכֵל בְּעַצְמִי.
אֲנִי הוֹלֵךְ בְּעַצְמִי.

הַאִם אַתָּה עוֹזֵר לְמֹשֶׁה?
הַאִם אַתָּה עוֹזֵר לְמִרְיָם?
←2
1 אִי־אֶפְשָׁר לַעֲזֹר לוֹ.
אִי־אֶפְשָׁר לַעֲזֹר לָהּ.

All By Myself

דָּנִי wants do do everything by himself. **אֲבִיבָה** feels the same way.
Help them say what they want do do.

בְּעַצְמִי לִלְמֹד לֶאֱכֹל	בְּעַצְמִי לִכְתֹּב לִקְרֹא

א מַדּוּעַ אִי־אֶפְשָׁר לַעֲזֹר לְךָ? (למד)

אִי-אֶפְשָׁר לַעֲזֹר לִי כִּי
אֲנִי רוֹצֶה לִלְמֹד בְּעַצְמִי.

ב מַדּוּעַ אִי־אֶפְשָׁר לַעֲזֹר לָךְ? (כתב)

אִי-אֶפְשָׁר ______________

____

ג מַדּוּעַ אִי־אֶפְשָׁר לַעֲזֹר לְךָ? (אכל)

____

____

ד מַדּוּעַ ______________ (קרא)

____

____

Questions, Questions, Questions!

There are many different ways of asking a question in order to get the same answer. How many different questions can you write for each of the answers on the right?

הִנֵּה הַתְּשׁוּבָה.	מַה הַשְּׁאֵלוֹת?
א הוּא מוֹכֵר לוֹ עִתּוֹנִים בָּרְחוֹב.	א מַה הוּא מוֹכֵר לוֹ? מִי מוֹכֵר לוֹ עִתּוֹנִים? אֵיפֹה הוּא מוֹכֵר לוֹ עִתּוֹנִים? מַה הוּא עוֹשֶׂה בָּרְחוֹב? הַאִם הוּא מוֹכֵר לוֹ עִתּוֹנִים?
ב הוּא צָרִיךְ לִכְתֹּב חִבּוּר בַּבַּיִת.	ב ________________ ________________
ג . . . כִּי הוּא לֹא אוֹהֵב לָלֶכֶת לַגַּן.	ג ________________ ________________
ד . . . כִּי אֵין לוֹ כַּדּוּר־רֶגֶל.	ד ________________ ________________
ה הַיּוֹם אֲנִי צָרִיךְ לִלְמֹד עִבְרִית.	ה ________________ ________________
ו מָחָר אֲבִיבָה צְרִיכָה לָתֵת לוֹ אֶת הַחִבּוּר.	ו ________________ ________________

אֵיפֹה	לָמָּה	מַדּוּעַ	בִּשְׁבִיל מִי	מָתַי	הַאִם	יֵשׁ ל . . .	מַה	מִי
where	why	why	for whom	when	(question word)	has	what	who

א *Words*

All the words in this puzzle begin with the same letter, א.
Read each sentence and find the missing word in the puzzle. Write the number of the sentence next to that word in the puzzle. Now write the word in the sentence. Read the completed sentence.

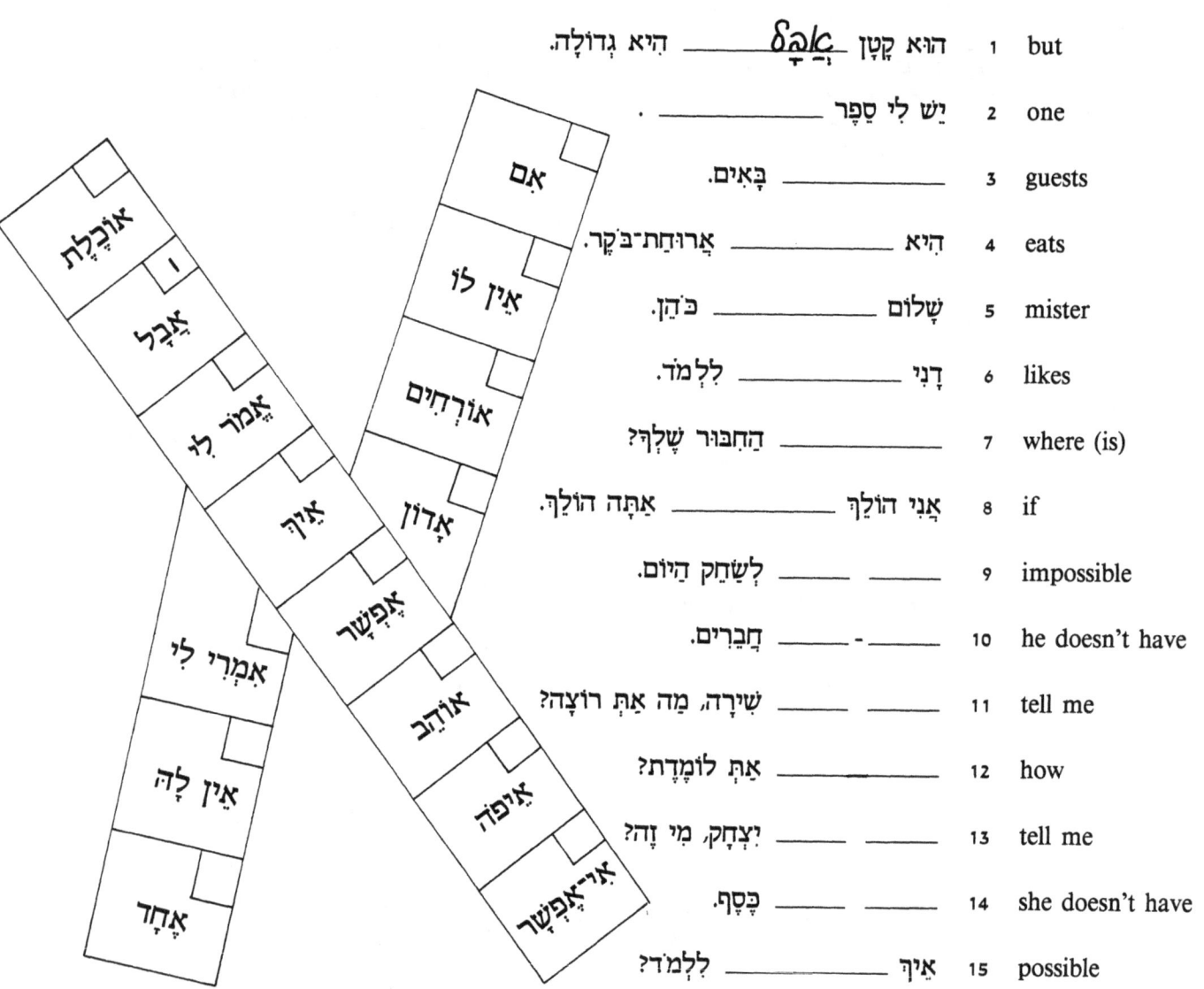

1	but	הוּא קָטָן אֲבָל הִיא גְדוֹלָה.
2	one	יֵשׁ לִי סֵפֶר ______ .
3	guests	______ בָּאִים.
4	eats	הִיא ______ אֲרוּחַת-בֹּקֶר.
5	mister	שָׁלוֹם ______ כֹּהֵן.
6	likes	דָּנִי ______ לִלְמֹד.
7	where (is)	______ הַחִבּוּר שֶׁלְּךָ?
8	if	אֲנִי הוֹלֵךְ ______ אַתָּה הוֹלֵךְ.
9	impossible	____ ____ לְשַׂחֵק הַיּוֹם.
10	he doesn't have	____-____ חֲבֵרִים.
11	tell me	____ ____ שִׁירָה, מָה אַתְּ רוֹצָה?
12	how	______ אַתְּ לוֹמֶדֶת?
13	tell me	____ ____ יִצְחָק, מִי זֶה?
14	she doesn't have	____ ____ כֶּסֶף.
15	possible	אֵיךְ ______ לִלְמֹד?

Reading for Pleasure קְרִיאָה לְהֲנָאָה

"...אִם לֹא עַכְשָׁו אֵימָתַי?"

Rabbi Hillel said:
"If not now, when?"

דוֹד יוֹנִי בָּא הַיּוֹם אֶל הַבַּיִת שֶׁל אֲבִיבָה וְדָנִי	
לִשְׁמֹר עַל הַיְלָדִים, כִּי אַבָּא וְאִמָּא הוֹלְכִים לְקוֹנְצֶרְט.	baby-sit / concert
"יוֹפִי, יוֹפִי! דוֹד יוֹנִי בָּא," אוֹמֵר דָנִי.	great!
"גַם אֲנִי אוֹהֶבֶת כַּאֲשֶׁר דוֹד יוֹנִי בָּא לְבַקֵּר,"	when / to visit
אוֹמֶרֶת אֲבִיבָה.	
דוֹד יוֹנִי עָסוּק מְאֹד, כִּי הוּא לוֹמֵד לִהְיוֹת רוֹפֵא,	busy / to be a doctor
אֲבָל הַיּוֹם הוּא לֹא עָסוּק כִּי יֵשׁ לוֹ חֹפֶשׁ.	vacation
יוֹנִי: אֵיפֹה הַשִּׁעוּרִים שֶׁלָּךְ, אֲבִיבָה?	homework
אֲבִיבָה: אֲנִי צְרִיכָה לִכְתֹּב חִבּוּר אֲבָל לֹא עַכְשָׁו.	now
אֲנִי רוֹצָה לְשַׂחֵק "מוֹנוֹפּוֹלִי" עַכְשָׁו.	
יוֹנִי: בּוֹאִי, וַאֲנִי אֶעֱזֹר לָךְ לִכְתֹּב אֶת הַחִבּוּר.	will help you
אֲבִיבָה: תּוֹדָה, אֲבָל אֲנִי יוֹדַעַת לִכְתֹּב חִבּוּר	
בְּעַצְמִי. אֲבָל לֹא עַכְשָׁו, דוֹד יוֹנִי, לֹא עַכְשָׁו.	

יוֹנִי: ״אִם לֹא עַכְשָׁו אֵימָתַי?״ הִלֵּל, רַב גָּדוֹל
בְּיִשְׂרָאֵל אָמַר אֶת זֶה. עַכְשָׁו גַּם אֲנִי — said
אוֹמֵר אֶת זֶה: ״אִם לֹא עַכְשָׁו אֵימָתַי?״
דוד יוֹנִי מְשַׂחֵק עִם דָּנִי בְּכַדּוּר־רֶגֶל, — plays with
וַאֲבִיבָה גּוֹמֶרֶת אֶת הַחִבּוּר. — finishes
עַכְשָׁו דָּנִי צָרִיךְ לָלֶכֶת לִישׁוֹן, וְדוד יוֹנִי — to sleep
מְשַׂחֵק ״מוֹנוֹפּוֹלִי״ עִם אֲבִיבָה.
יוֹתֵר מְאוּחָר... דָּנִי עוֹד מַבִּיט בַּטֶּלֶוִיזְיָה. — later / looks at
יוֹנִי: דָּנִי, דָּנִי, לֵךְ לִישׁוֹן!
״לֹא עַכְשָׁו,״ אוֹמֵר דָּנִי, ״לֹא עַכְשָׁו.״
אֲבִיבָה: הֵי דָּנִי, ״אִם לֹא עַכְשָׁו, אֵימָתַי?״
יוֹנִי: הממממ... אַתְּ לוֹמֶדֶת מַהֵר אֲבִיבָה! — quickly

Extra challenge: Cover the story. Look at the picture and tell the story in your own words.

The Jewish Connection תּוֹדָעָה יְהוּדִית

Helpfulness

Fairness

Being a good model for others

We all know people whom we admire because of their personal qualities.

Sometimes that person becomes a "model" for us, and we say that we'd like to be like him or her.

Do you think **דוד יוֹנִי** was a good model for דָּנִי and אֲבִיבָה? What did he do that set a good example for them?

From the story we know that **דוד יוֹנִי** had a model for his behavior. Who was he? What did he say?

Cross Country Marathon

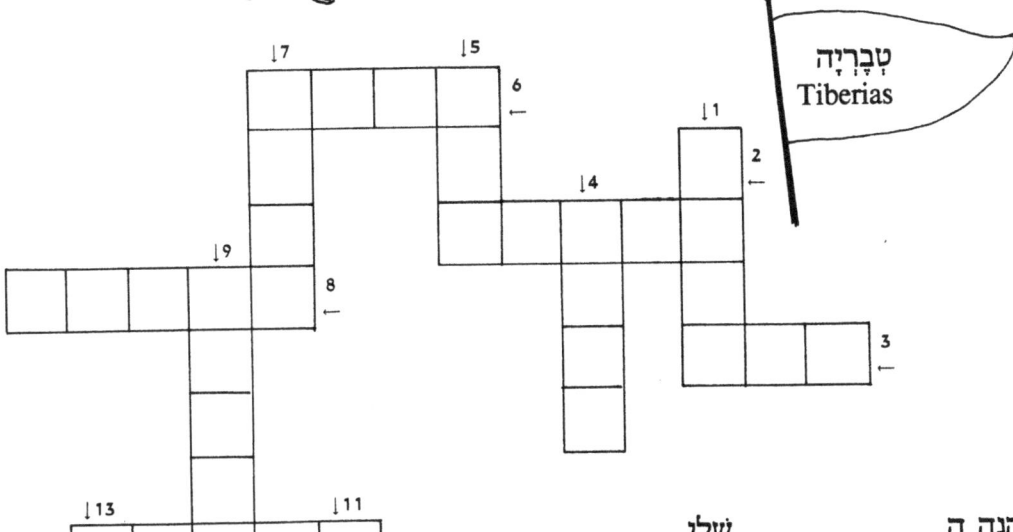

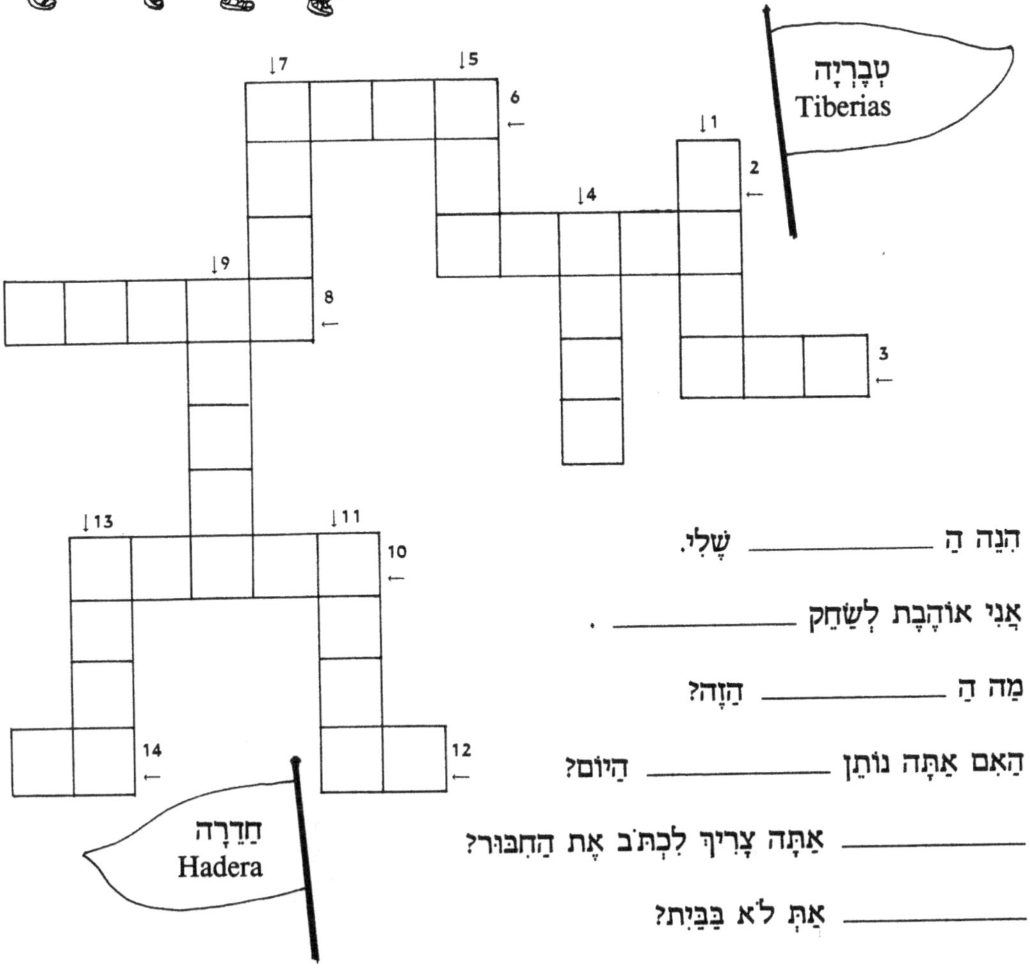

טְבֶרְיָה
Tiberias
חֲדֵרָה
Hadera

1 composition — הִנֵּה הַ ______ שֶׁלִּי.

2 by myself — אֲנִי אוֹהֶבֶת לְשַׂחֵק ______ .

3 thing — מַה הַ ______ הַזֶּה?

4 charity — הַאִם אַתָּה נוֹתֵן ______ הַיּוֹם?

5 when — ______ אַתָּה צָרִיךְ לִכְתֹּב אֶת הַחִבּוּר?

6 why — ______ אַתְּ לֹא בַּבַּיִת?

7 doing — מַה אַתָּה ______?

8 the newspaper — מִי רוֹצֶה לִקְרֹא אֶת ______?

9 helps — אֲבִיבָה ______ לְדָנִי.

10 gives — הִיא ______ צְדָקָה.

11 pleasant — זֶה ______ מְאֹד.

12 if — ______ אֵין אֲנִי לִי – מִי לִי?

13 Torah — אֲנִי אוֹהֶבֶת לִלְמֹד ______ .

14 they (f) — הֵם לֹא הוֹלְכִים, אֲבָל ______ הוֹלְכוֹת.

נוֹתֶנֶת	מַדּוּעַ
מָתַי	עוֹשֶׂה
בְּעַצְמִי	הֵן
צְדָקָה	תּוֹרָה
חִבּוּר	נָעִים
הָעִתּוֹן	דָּבָר
עוֹזֶרֶת	אִם

שִׁעוּר שְׁמִינִי
Lesson Eight

מַה חָדָשׁ?

works (m, f)	א	עוֹבֵד (הוּא עוֹבֵד בַּחֲנוּת.)	sick (m, f)	ב	חוֹלֶה (הַתַּלְמִיד חוֹלֶה הַיּוֹם.)
		עוֹבֶדֶת (הִיא עוֹבֶדֶת בַּחֲנוּת)			חוֹלָה (הַתַּלְמִידָה חוֹלָה הַיּוֹם.)
work (pl)		עוֹבְדִים, עוֹבְדוֹת.	(pl)		חוֹלִים, חוֹלוֹת
		עבד	that	ג	שֶׁ... (הוּא אוֹמֵר שֶׁזֶּה טוֹב).

נִקְרָא וְנִלְמַד

א

1 הוּא עוֹבֵד בַּחֲנוּת.
הוּא עוֹבֵד בַּבַּיִת.

3←

2 גַּם הִיא עוֹבֶדֶת בַּחֲנוּת. (עבד)
גַּם הִיא עוֹבֶדֶת בַּבַּיִת.

1 יוֹנִי וְאַהֲרוֹן עוֹבְדִים הַיּוֹם.
הֵם עוֹבְדִים הַיּוֹם.

3←

2 שָׂרָה וְאִילָנָה עוֹבְדוֹת הַיּוֹם.
הֵן עוֹבְדוֹת הַיּוֹם.

ב

מֹשֶׁה לֹא בַּכִּתָּה
דָּוִד לֹא בַּכִּתָּה

1←

כִּי הוּא חוֹלֶה.
כִּי הוּא חוֹלֶה.

אַבָּא חוֹלֶה הַיּוֹם?
סַבָּא חוֹלֶה הַיּוֹם?

1←

לֹא, אִמָּא חוֹלָה הַיּוֹם.
לֹא, סַבְתָּא חוֹלָה הַיּוֹם.

הֵם לֹא עוֹבְדִים
הֵם לֹא אוֹכְלִים

1←

כִּי הֵם חוֹלִים.
כִּי הֵם חוֹלִים.

הֵם
they (m)

הֵן לֹא אוֹכְלוֹת
הֵן לֹא עוֹבְדוֹת

1←

כִּי הֵן חוֹלוֹת.
כִּי הֵן חוֹלוֹת.

הֵן
they (f)

ג

1 הַמּוֹרָה אוֹמֶרֶת שֶׁאַתָּה תַּלְמִיד טוֹב
הַמּוֹרָה יוֹדַעַת שֶׁאַתָּה תַּלְמִיד טוֹב

3←

2 וְהוּא אוֹמֵר שֶׁאַתְּ תַּלְמִידָה טוֹבָה.
וְהוּא יוֹדֵעַ שֶׁאַתְּ תַּלְמִידָה טוֹבָה.

Don't Quote Me!

דָּנִי likes to quote exactly what other people say.
But **אֲבִיבָה** likes to tell what they have said, in her own words.

	דָּנִי	אֲבִיבָה
א	פְּנִינָה אוֹמֶרֶת: יֵשׁ לִי כֶּסֶף בִּשְׁבִיל צְדָקָה.	פְּנִינָה אוֹמֶרֶת שֶׁיֵּשׁ לָהּ כֶּסֶף בִּשְׁבִיל צְדָקָה.
ב	דָּוִד אוֹמֵר: אֲנִי חוֹלֶה הַיּוֹם.	דָּוִד אוֹמֵר שֶׁהוּא חוֹלֶה הַיּוֹם.
ג	יוֹנִי אוֹמֵר: אֲנִי עוֹבֵד כָּל הַיּוֹם.	
ד	סַבָּא אוֹמֵר: אֲנִי רוֹצֶה לִקְרֹא עִתּוֹן.	
ה	שָׂרָה אוֹמֶרֶת: אֲנִי לֹא בַּכִּתָּה כִּי אֲנִי חוֹלָה.	
ו	שִׁירָה אוֹמֶרֶת: אֲנִי רוֹצָה לַעֲזֹר לוֹ.	
ז	יוֹסֵף אוֹמֵר: יֵשׁ לִי חָבֵר טוֹב בְּשֵׁם גָּדִי.	
ח	רִבְקָה אוֹמֶרֶת: אֲנִי לֹא עוֹבֶדֶת בַּחֲנוּת הַיּוֹם.	

A Chain Puzzle

Complete each sentence with the correct word. Copy the word in the numbered space of the chain. If you are correct, the last letter of each word will be the same as the first letter of the next word!

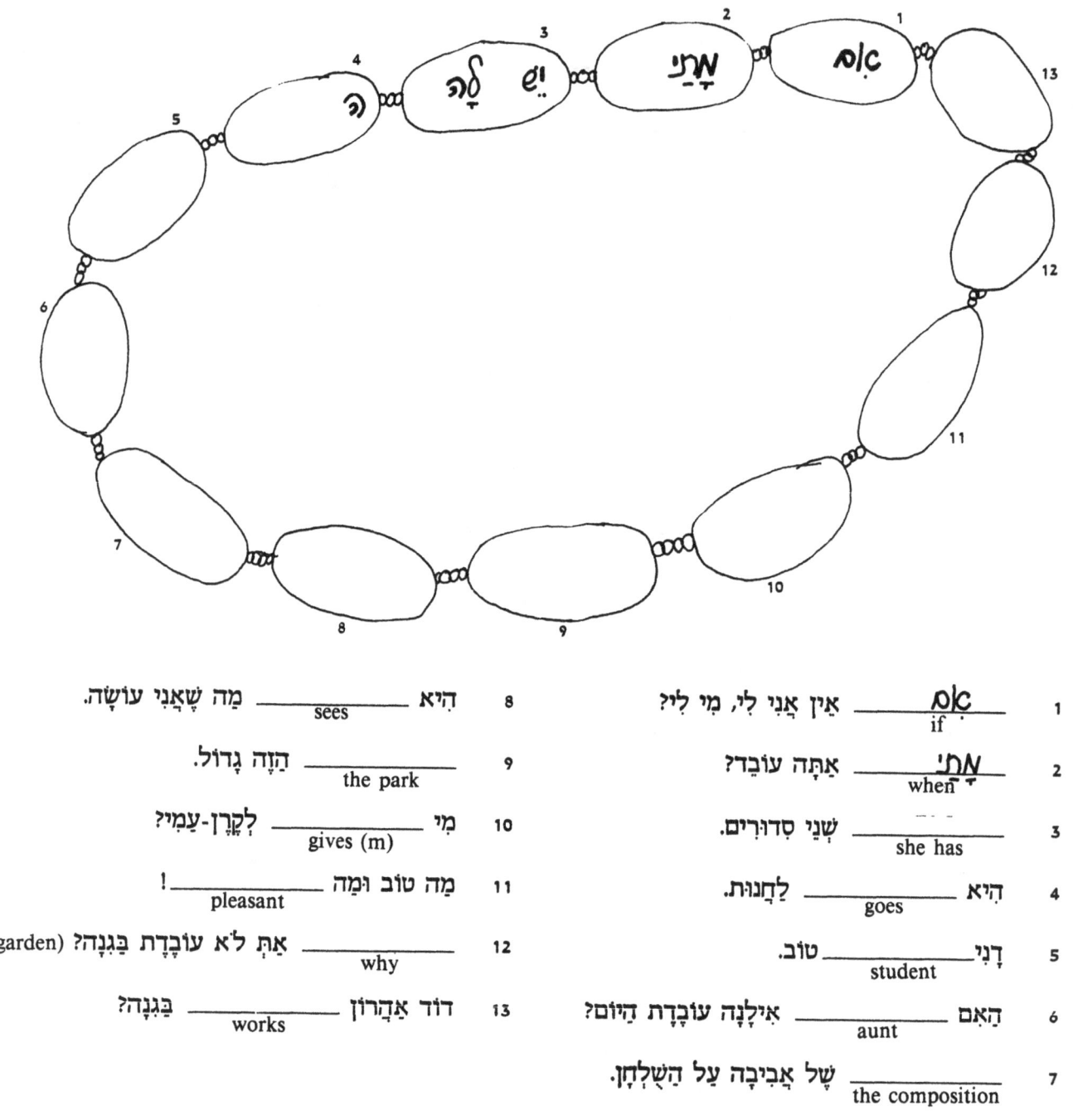

1 אִם____ (if) אֵין אֲנִי לִי, מִי לִי?

2 מָתַי____ (when) אַתָּה עוֹבֵד?

3 ________ (she has) שְׁנֵי סִדּוּרִים.

4 הִיא ________ (goes) לַחֲנוּת.

5 דָנִי________ (student) טוֹב.

6 הָאִם ________ (aunt) אִילָנָה עוֹבֶדֶת הַיּוֹם?

7 ________ (the composition) שֶׁל אֲבִיבָה עַל הַשֻּׁלְחָן.

8 הִיא ________ (sees) מַה שֶּׁאֲנִי עוֹשָׂה.

9 ________ (the park) הַזֶּה גָּדוֹל.

10 מִי ________ (gives (m)) לְקֶרֶן-עַמִּי?

11 מַה טּוֹב וּמַה ________ (pleasant)!

12 ________ (why) אַתְּ לֹא עוֹבֶדֶת בַּגִּנָּה? (garden)

13 דוֹד אַהֲרוֹן ________ (works) בַּגִּנָּה?

Read and Find   קְרָא וּמְצָא

Read the story on pages 62, 63 in the textbook, and find the answers to these questions.
Your answers should be written in full sentences.

                                                   א   מַה שֵׁם הַסִּפּוּר?

_____

     ב   מַה נוֹתֵן כָּל אֶחָד בַּכִּתָּה?

_____

     ג   מַדּוּעַ לֹא עוֹבֵד אַבָּא שֶׁל זְאֵב?

_____

The story tells us a great deal about זְאֵב. We know that he has some very good qualities. For example:

1.   זְאֵב is a good son, and loves his father. How do we know
   this? From the story –

          p. 63, line 2   אֶת כָּל הַכֶּסֶף שֶׁיֵשׁ לוֹ, זְאֵב נוֹתֵן לְאַבָּא שֶׁלוֹ.

2.   זְאֵב is ready to give up his favorite possession in order to
   have money to give to the needy.

          p. 63, line 4   זְאֵב רוֹצֶה לִמְכֹּר אֶת הַכַּדּוּר שֶׁלוֹ לְאַבְרָהָם.

Can you find other examples of the good qualities in זְאֵב and in אַבְרָהָם?
Copy the Hebrew sentence that proves each answer you give.

3. _____   p. ____, line ____

    _____

4. _____   p. ____, line ____

    _____

Cross Country Marathon

קֶרֶן־עַמִּי	עוֹבֵד	הַשֶּׁלֶט	חוֹלֶה	חוֹלָה	חוֹר	מָחָר	מָתַי	יֵשׁ לוֹ
		לָתֵת	כָּל אֶחָד	לַעֲשׂוֹת	עוֹבְדִים	חִבּוּר		כַּדּוּר־רֶגֶל

Herzlia
הֶרְצְלִיָּה
Sde Boker
שְׂדֵה בֹּקֶר

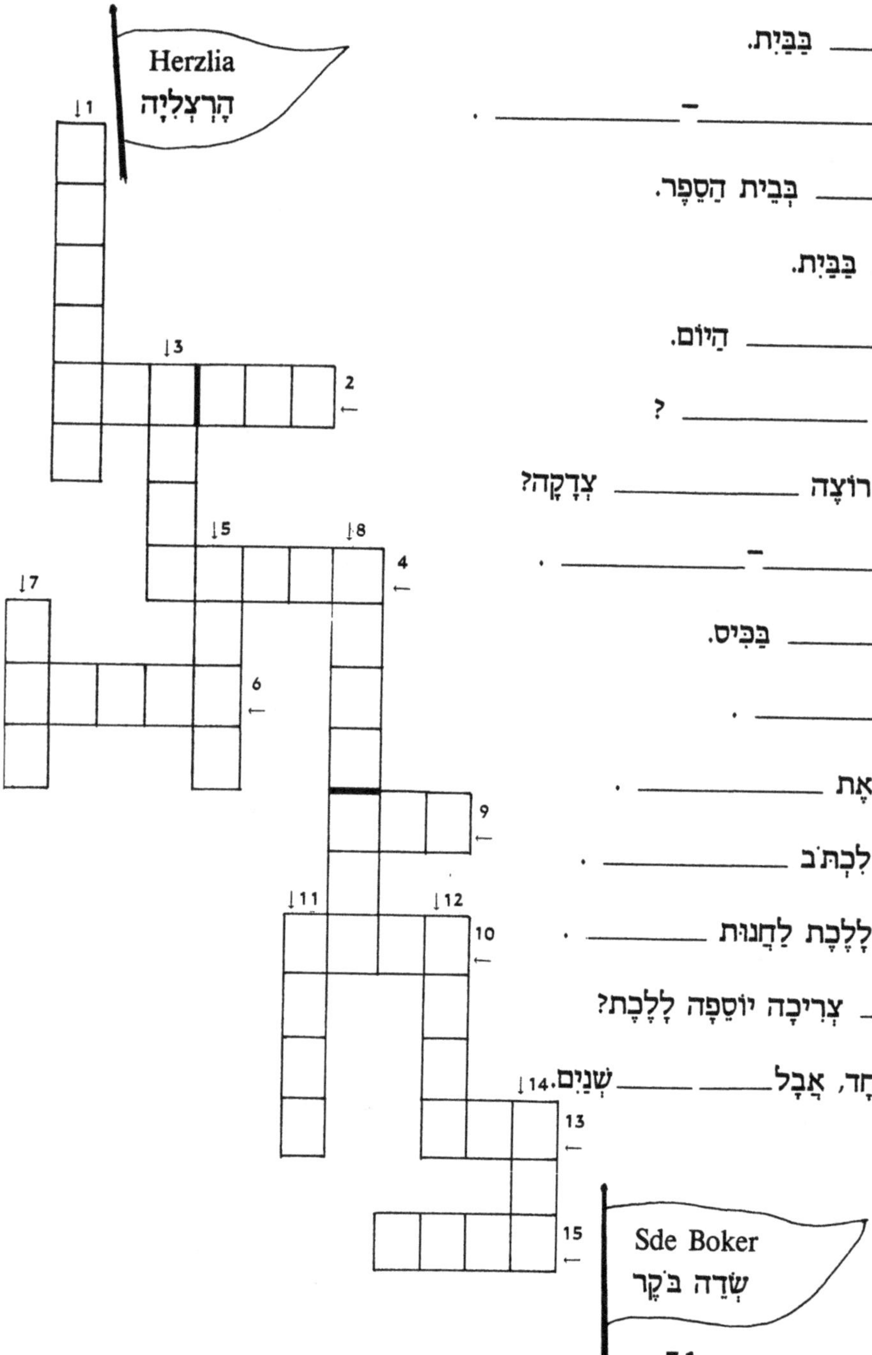

1 working (m, pl) — הֵם ________ בַּבַּיִת.

2 Keren–Ami — הוּא נוֹתֵן כֶּסֶף ________–________ .

3 works — הוּא ________ בְּבֵית הַסֵּפֶר.

4 everyone — ______ ______ בַּבַּיִת.

5 sick — הַתַּלְמִידָה ________ הַיּוֹם.

6 to do — מַה אַתָּה רוֹצֶה ________ ?

7 to give — מַדּוּעַ הוּא לֹא רוֹצֶה ________ צְדָקָה?

8 football — יֵשׁ לְדָנִי ________–________ .

9 hole — יֵשׁ לִי ________ בַּכִּיס.

10 sick — הוּא לֹא ________ .

11 the sign — אֲנִי לֹא רוֹאֶה אֶת ________ .

12 composition — אֲבִיבָה צְרִיכָה לִכְתֹּב ________ .

13 tomorrow — דְּבוֹרָה צְרִיכָה לָלֶכֶת לַחֲנוּת ________ .

14 when — ________ צְרִיכָה יוֹסֵפָה לָלֶכֶת?

15 he has — יֵשׁ לִי עִתּוֹן אֶחָד, אֲבָל ______ ______ שְׁנַיִם.

שִׁעוּר תְּשִׁיעִי
Lesson Nine

מַה חָדָשׁ?

א	very	מְאֹד	(טוֹב מְאֹד)
ב	every day	בְּכָל יוֹם	(הוּא לוֹמֵד בְּכָל יוֹם.)
	in honor of . . .	לִכְבוֹד	(הִנֵּה חַלּוֹת לִכְבוֹד שַׁבָּת.)
ג	(m, pl)	יְלָדִים טוֹבִים, חֲבֵרִים טוֹבִים	
	(f, pl)	יְלָדוֹת טוֹבוֹת, חֲבֵרוֹת טוֹבוֹת	
ד	one (f)	אַחַת	(יֵשׁ לִי עוּגָה אַחַת.)
	two (f)	שְׁתֵּי	(יֵשׁ לִי שְׁתֵּי עוּגוֹת.)
	two (f)	שְׁתַּיִם	(יֵשׁ לִי שְׁתַּיִם.)

נִקְרָא וְנִלְמַד

א	הַאִם זֶה טוֹב? הַאִם זֶה יָפֶה?	←2	כֵּן, זֶה טוֹב מְאֹד. כֵּן, זֶה יָפֶה מְאֹד.
	הוּא רוֹצֶה מְאֹד לִלְמֹד עִבְרִית הוּא אוֹהֵב מְאֹד לִלְמֹד עִבְרִית	←3	וְהִיא רוֹצָה מְאֹד לִלְמֹד עִבְרִית. וְהִיא אוֹהֶבֶת מְאֹד לִלְמֹד עִבְרִית.
ב	בְּכָל יוֹם יֵשׁ סוֹדָה. בְּכָל יוֹם יֵשׁ לֶחֶם.	←3	לִכְבוֹד שַׁבָּת יֵשׁ יַיִן. לִכְבוֹד שַׁבָּת יֵשׁ חַלּוֹת.
ג	אַתָּה רוֹאֶה דָּבָר טוֹב? אַתָּה קוֹנֶה דָּבָר טוֹב?	←2	לֹא, אֲנִי רוֹאֶה דְּבָרִים טוֹבִים. לֹא, אֲנִי קוֹנֶה דְּבָרִים טוֹבִים.
	הִנֵּה חָבֵר גָּדוֹל. הִנֵּה חָבֵר יָפֶה.	←1	הִנֵּה חֲבֵרִים גְּדוֹלִים. הִנֵּה חֲבֵרִים יָפִים.
	הֵם חֲבֵרִים גְּדוֹלִים. הֵם חֲבֵרִים יָפִים.	←1	וְהֵן חֲבֵרוֹת גְּדוֹלוֹת. וְהֵן חֲבֵרוֹת יָפוֹת.
ד	הִנֵּה חַלָּה אַחַת. הִנֵּה מַתָּנָה אַחַת.	←3	הִנֵּה שְׁתֵּי חַלּוֹת. הִנֵּה שְׁתֵּי מַתָּנוֹת.

Be a T.V. Announcer

Describe the picture on each T.V. screen. Write as many sentences as you can. Here are some words to help you.

בְּכָל יוֹם	לִכְבוֹד שַׁבָּת	רוֹצָה מְאֹד	אוֹהֶבֶת מְאֹד	לָלֶכֶת	לִקְנוֹת
לֶאֱכֹל	דְּבָרִים טוֹבִים	שׁוֹתֶה, שׁוֹתָה	אוֹכֵל, אוֹכֶלֶת		

א

לִכְבוֹד שַׁבָּת אִמָּא אוֹהֶבֶת
מְאֹד לִקְנוֹת דְּבָרִים טוֹבִים.
הִיא קוֹנָה

ג

ב

ד

Change the Story

Read the story about אֲבִיבָה. Now rewrite the story to tell about דָּנִי. Change the words and phrases that are underlined.

בְּכָל יוֹם אֲבִיבָה אוֹהֶבֶת מְאֹד לָלֶכֶת אֶל הַסִּפְרִיָּה
(library) שֶׁל בֵּית הַסֵּפֶר שֶׁלָּהּ לִקְרֹא סְפָרִים
בְּאַנְגְּלִית וְגַם בְּעִבְרִית. אֲבָל הַיּוֹם הִיא לֹא הוֹלֶכֶת
אֶל הַסִּפְרִיָּה כִּי הִיא צְרִיכָה לִכְתֹּב חִבּוּר בִּשְׁבִיל
הַמּוֹרָה. כָּל תַּלְמִידָה בַּכִּתָּה שֶׁלָּהּ צְרִיכָה לִכְתֹּב
חִבּוּר. שֵׁם הַחִבּוּר שֶׁל אֲבִיבָה "דְּבָרִים שֶׁאֲנִי צְרִיכָה
לַעֲשׂוֹת לִכְבוֹד הַשַּׁבָּת".

בְּכָל יוֹם דָּנִי

54

מ Words

All the words in this puzzle begin with the same letter, מ.
Read each sentence and find the missing word in the puzzle. Write the number of the sentence next to that word in the puzzle.
Now write the word in the sentence. Read the completed sentence.

1	very	זֶה יָפֶה ___מאד___ .
2	sells	הוּא ______ דְּבָרִים טוֹבִים.
3	something	יֵשׁ ______ יָפֶה בַּבַּיִת.
4	teacher (f)	יֵשׁ לְרִבְקָה ______ טוֹבָה.
5	who (is)?	אֱמֹר לִי, ______ זֶה?
6	tomorrow	אֲנִי צְרִיכָה לָלֶכֶת ______ .
7	what?	______ אַתָּה עוֹשֶׂה?
8	sells	הִיא ______ יַיִן וְגַם נֵרוֹת.
9	when?	______ אַתָּה אוֹכֵל חַלָּה?
10	teacher (m)	יֵשׁ לְחַנָּה ______ טוֹב.
11	notebook	הוּא כּוֹתֵב חִבּוּר בְּ ______ .
12	gift	הִנֵּה ______ בִּשְׁבִילֵךְ.
13	why?	______ יֵשׁ יַיִן עַל הַשֻּׁלְחָן?

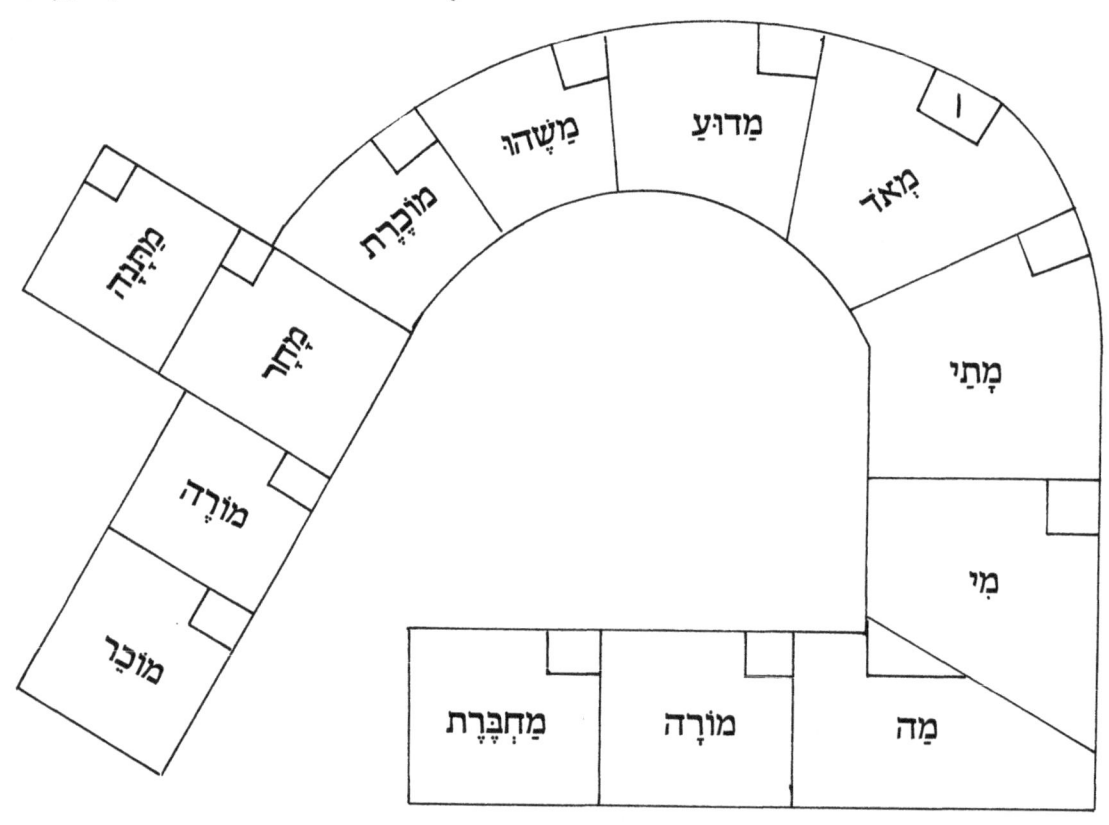

Read and Find   קְרָא וּמְצָא

Read the story on pages 70, 71 in the textbook and find the answers to these questions.
Your answers should be written in full sentences.

1   מָתַי יוֹם הַשַּׁבָּת?

_____

2   מַה רוֹצָה אִמָּא לַעֲשׂוֹת הַיּוֹם?

_____

3   מַה רוֹצָה אִמָּא לִקְנוֹת לִכְבוֹד הַשַּׁבָּת?

_____

Make up three Hebrew questions about page 71 in the textbook.
Write them here, and write the answers too.

1   שְׁאֵלָה:

_____

תְּשׁוּבָה:

_____

2   שְׁאֵלָה:

_____

תְּשׁוּבָה:

_____

3   שְׁאֵלָה:

_____

תְּשׁוּבָה:

_____

Cross Country Marathon

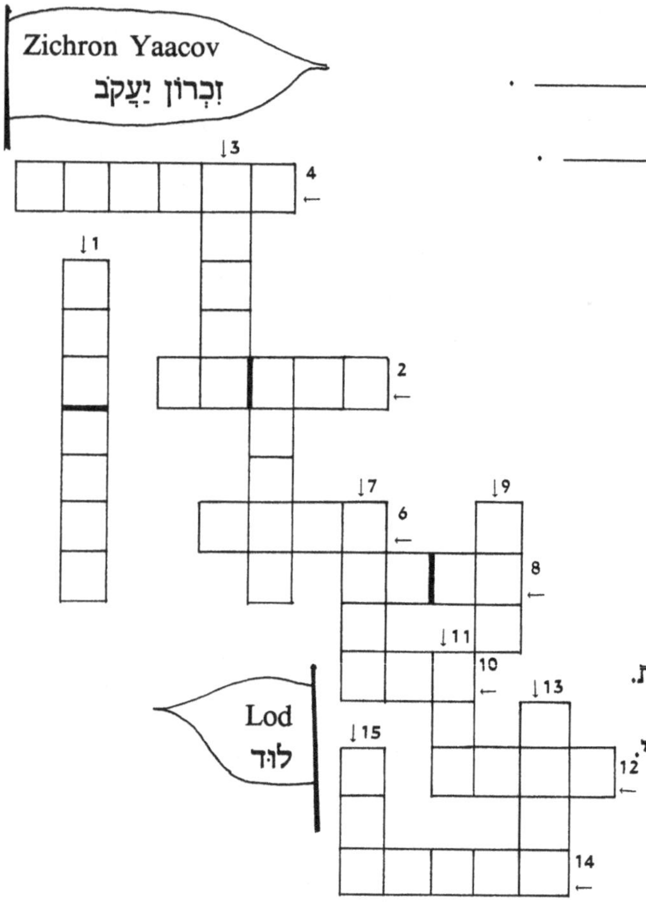

Zichron Yaacov
זִכְרוֹן יַעֲקֹב
Lod
לוֹד

אֲנִי אוֹהֶבֶת אֶת ______ ______ .	1	Sabbath day
פְּנִינָה לוֹמֶדֶת ______ ______ .	2	every day
אֲנִי קוֹנָה חַלּוֹת ______ .	3	by myself
אֲנִי רוֹאָה שְׁנֵי ______ .	4	compositions
זֶה ______ שַׁבָּת.	5	in honor of
הִנֵּה ______ לִכְבוֹד שַׁבָּת.	6	candles
הוּא ______ חִבּוּר לַמּוֹרָה.	7	gives
______ ______ שְׁנֵי חֲבֵרִים טוֹבִים.	8	he has
אֲנִי שׁוֹתָה ______ לִכְבוֹד שַׁבָּת.	9	wine
הִיא נוֹתֶנֶת כֶּסֶף לְ ______ -עַמִּי.	10	Keren (fund)
יוֹנִי, ______ מַשֶּׁהוּ!	11	buy!
הוּא ______ הַיּוֹם.	12	sick
הוּא לֹא ______ הַיּוֹם.	13	work
יֵשׁ לָהּ שְׁנֵי ______ לַעֲשׂוֹת הַיּוֹם.	14	things
זֶה ______ יָפֶה.	15	day

חוֹלֶה	יֵשׁ לוֹ	יוֹם הַשַּׁבָּת	לִכְבוֹד	בְּעַצְמִי
בְּכָל יוֹם	יוֹם	עוֹבֵד	קְנֵה!	יַיִן
דְּבָרִים	חִבּוּרִים	נֵרוֹת	נוֹתֵן	קֶרֶן

שִׁעוּר עֲשִׂירִי
Lesson Ten

מַה חָדָשׁ?

bless (ברך)	א	מְבָרֵךְ (הוּא מְבָרֵךְ עַל הַיַּיִן.) מְבָרֶכֶת (הִיא מְבָרֶכֶת עַל הַנֵּרוֹת.)
lights (דלק)	ב	מַדְלִיק (הוּא מַדְלִיק נֵרוֹת.) מַדְלִיקָה (הִיא מַדְלִיקָה נֵרוֹת.)
to know (ידע)	ג	לָדַעַת (הוּא רוֹצֶה לָדַעַת.)
four (m)	ד	אַרְבָּעָה (נֵרוֹת)*

נִקְרָא וְנִלְמַד

א (ברך)

1 סַבָּא מְבָרֵךְ עַל הַיַּיִן. — 3 ← — 2 וְסַבְתָּא מְבָרֶכֶת עַל הַנֵּרוֹת.
אַבָּא מְבָרֵךְ עַל הַיַּיִן. — וְאִמָּא מְבָרֶכֶת עַל הַנֵּרוֹת.
דָּנִי מְבָרֵךְ עַל הַיַּיִן. — וַאֲבִיבָה מְבָרֶכֶת עַל הַנֵּרוֹת.

ב (דלק)

1 סַבָּא לֹא מַדְלִיק אֶת הַנֵּרוֹת, — 3 ← — 2 אֲבָל סַבְתָּא מַדְלִיקָה אֶת הַנֵּרוֹת.
אַבָּא לֹא מַדְלִיק אֶת הַנֵּרוֹת, — אֲבָל אִמָּא מַדְלִיקָה אֶת הַנֵּרוֹת.
דָּנִי לֹא מַדְלִיק אֶת הַנֵּרוֹת, — אֲבָל אֲבִיבָה מַדְלִיקָה אֶת הַנֵּרוֹת.

ג (ידע)

הוּא רוֹצֶה לָדַעַת, — 1 ← — מִי מְבָרֵךְ עַל הַיַּיִן?
הוּא רוֹצֶה לָדַעַת, — מִי אוֹמֵר אֶת הַקִּדּוּשׁ?
הוּא רוֹצֶה לָדַעַת, — מִי מַדְלִיק אֶת הַנֵּרוֹת?

ד

1 אִילָנָה מַדְלִיקָה שְׁנֵי נֵרוֹת.
סַבְתָּא מַדְלִיקָה שְׁלֹשָׁה נֵרוֹת.
אִמָּא מַדְלִיקָה אַרְבָּעָה נֵרוֹת.

*Even though the word נֵר, candle, is masculine, the plural is נֵרוֹת.
There are many masculine words that have the feminine plural ending וֹת.

שֻׁלְחָן – שֻׁלְחָנוֹת	לוּחַ – לוּחוֹת	חַלּוֹן – חַלּוֹנוֹת

Be a Script Writer

Write an answer to each question. Here are some helpful phrases.

מְבָרֵךְ עַל הַיַּיִן	בִּשְׁבִיל כָּל אֶחָד בַּבַּיִת
כֵּן, הוּא אוֹמֵר אֶת הַקִּדּוּשׁ	יוֹם שֶׁל מְנוּחָה וְשָׁלוֹם

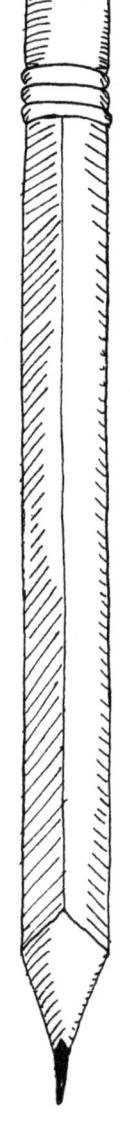

1 גַּם אַבָּא מַדְלִיק נֵרוֹת שֶׁל שַׁבָּת?

אַבָּא לֹא מַדְלִיק נֵרוֹת
שֶׁל שַׁבָּת. הוּא מְבָרֵךְ
עַל הַיַּיִן.

2 בִּשְׁבִיל מִי מַדְלִיקָה אִמָּא אַרְבָּעָה נֵרוֹת?

3 הַאִם כָּל אֶחָד עוֹבֵד בְּיוֹם הַשַּׁבָּת?

4 הַאִם אַבָּא מְבָרֵךְ עַל הַיַּיִן?

Read and Find קְרָא וּמְצָא

Read the story on pages 78, 79 in your text and find the answers to these questions. Your answers should be written in full sentences.

1 מַה שֵׁם הַסִּפּוּר? ______________________

2 מַה רוֹאֶה דָּוִד בַּבַּיִת? ______________________

3 מַה רוֹצָה אִמָּא בִּשְׁבִיל כָּל אֶחָד? ______________________

4 עַל מַה מְבָרֵךְ אַבָּא, וְעַל מַה מְבָרֶכֶת אִמָּא? ______________________

____

5 Do you think דָּוִד shows curiosity? Your English answer may be just a short "yes" or "no", but you must write your proof in a Hebrew sentence from the textbook, page 78.

____

6 After reading the story, what do you know about אִמָּא?

אִמָּא is ______________________

(proof) ______________________

She is also ______________________

(proof) ______________________

אֲנִי כּוֹתֵב חִבּוּר / אֲנִי כּוֹתֶבֶת חִבּוּר

Write a story describing what is happening in the picture. The clues will help you.

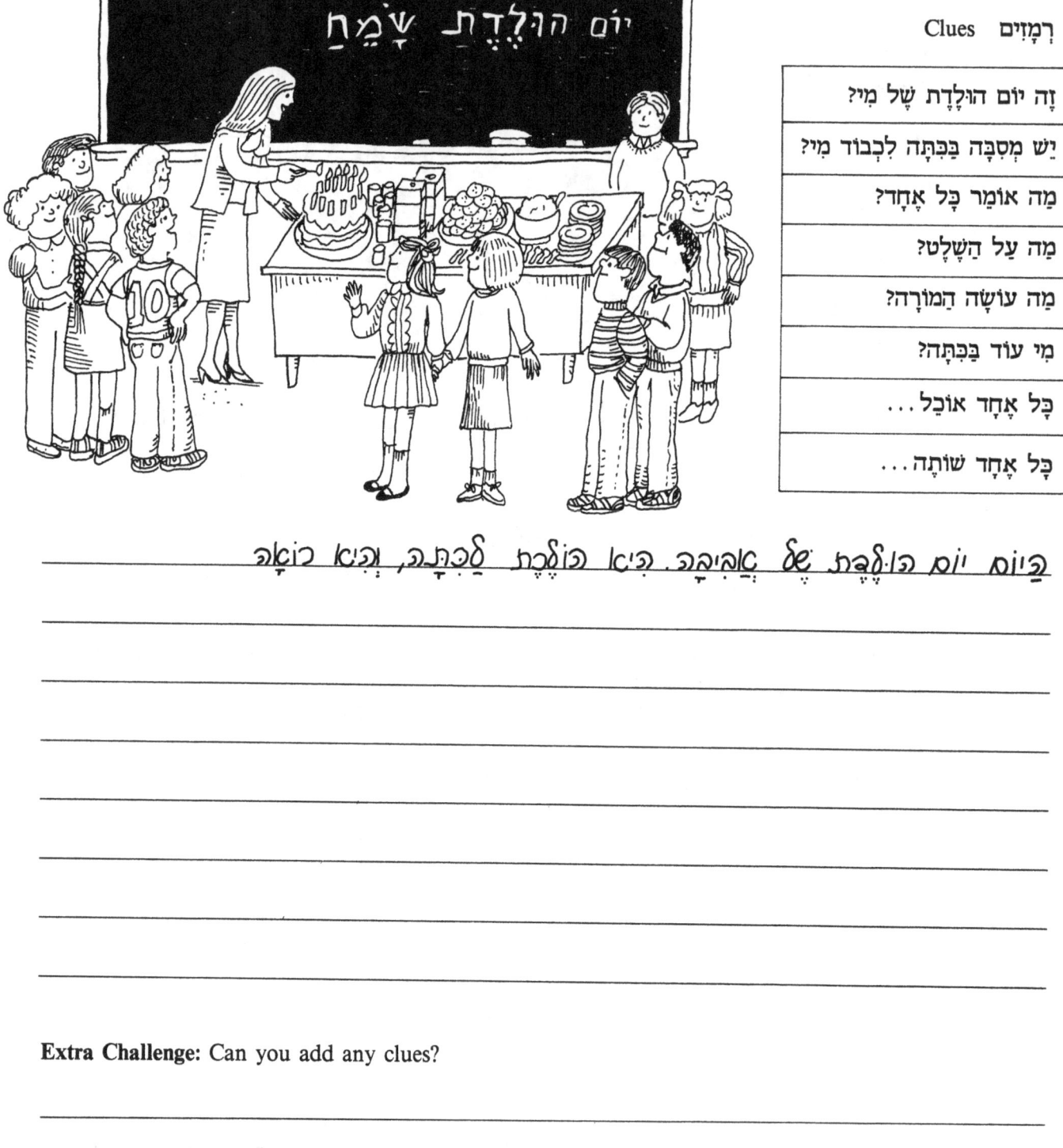

Clues רְמָזִים

זֶה יוֹם הוּלֶדֶת שֶׁל מִי?
יֵשׁ מְסִבָּה בַּכִּתָּה לִכְבוֹד מִי?
מַה אוֹמֵר כָּל אֶחָד?
מַה עַל הַשֻּׁלְחָן?
מַה עוֹשָׂה הַמּוֹרָה?
מִי עוֹד בַּכִּתָּה?
כָּל אֶחָד אוֹכֵל...
כָּל אֶחָד שׁוֹתֶה...

הַיּוֹם יוֹם הוּלֶדֶת שֶׁל אֲבִיבָה. הִיא הוֹלֶכֶת לַכִּתָּה, וְהִיא רוֹאָה

Extra Challenge: Can you add any clues?

Cross Country Marathon

מְנוּחָה מְבָרֶכֶת בְּכָל יוֹם	לִכְבוֹד מְאֹד לָדַעַת	אַרְבָּעָה מַדְלִיקָה קָדוּשׁ	בִּשְׁבִילֵךְ נֵרוֹת מְבָרֵךְ

צְפַת
Safed

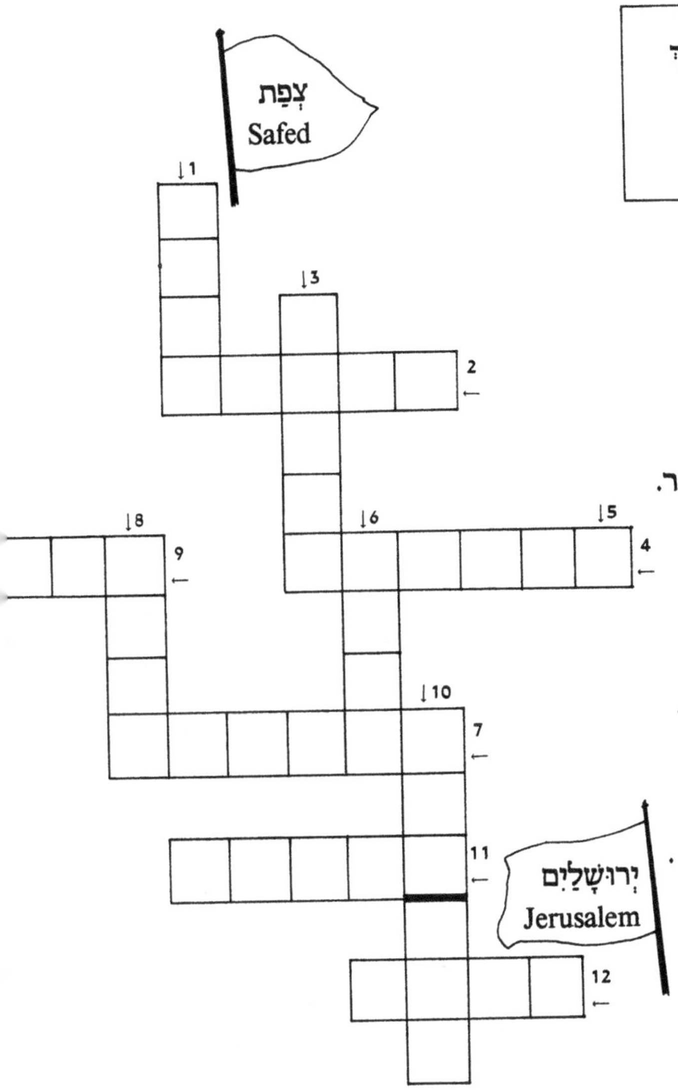

הוּא רוֹצֶה _____ כָּל דָּבָר.   1   to know

הִיא _____ עַל הַנֵּרוֹת.   2   blesses

יֵשׁ לִי _____ נֵרוֹת.   3   four (m)

אִמָּא _____ נֵרוֹת לְשַׁבָּת.   4   lights

יֵשׁ _____ בְּיוֹם שַׁבָּת.   5   rest

סַבָּא אוֹמֵר אֶת הַ _____ .   6   kiddush

אֲנִי רוֹצֶה שָׁלוֹם _____ .   7   for you (f)

סַבָּא _____ אֶת הַיְלָדִים.   8   blesses

הוּא גָּדוֹל _____ .   9   very

אֲנִי לוֹמֵד תּוֹרָה _____ _____ .   10   every day

זֶה _____ יוֹם הַשַּׁבָּת.   11   in honor of

הִיא מַדְלִיקָה שְׁנֵי _____ לִכְבוֹד שַׁבָּת.   12   candles

יְרוּשָׁלַיִם
Jerusalem

שִׁעוּר אַחַד־עָשָׂר
Lesson Eleven

מַה חָדָשׁ?

you (m, pl)	א	אַתֶּם (אַתֶּם תַּלְמִידִים.)	(m) coming	ב	בָּא (הוּא בָּא הַבַּיְתָה.)
you (f, pl)		אַתֶּן (אַתֶּן תַּלְמִידוֹת.)	(f)		בָּאָה (הִיא בָּאָה.)
we		אֲנַחְנוּ	(m, pl)		בָּאִים (הֵם בָּאִים.) בא
they (m, f)		הֵם, הֵן	(f, pl)		בָּאוֹת (הֵן בָּאוֹת.)
			nice, pretty	ג	יָפֶה, יָפָה, יָפִים, יָפוֹת

נִקְרָא וְנִלְמַד

א

1 ↓
אֲנִי תַּלְמִיד.
אַתָּה תַּלְמִיד.
הוּא תַּלְמִיד.

3 ←

2 ↓
אֲנַחְנוּ תַּלְמִידִים.
אַתֶּם תַּלְמִידִים.
הֵם תַּלְמִידִים.

1 ↓
אֲנִי תַּלְמִידָה.
אַתְּ תַּלְמִידָה.
הִיא תַּלְמִידָה.

3 ←

2 ↓
אֲנַחְנוּ תַּלְמִידוֹת.
אַתֶּן תַּלְמִידוֹת.
הֵן תַּלְמִידוֹת.

ב

1 ↓
אֲנִי בָּא לְשַׁבָּת.
אַתָּה בָּא לְשַׁבָּת.
הוּא בָּא לְשַׁבָּת.

3 ←

2 ↓
אֲנַחְנוּ בָּאִים לְשַׁבָּת.
אַתֶּם בָּאִים לְשַׁבָּת.
הֵם בָּאִים לְשַׁבָּת.
בא

1 ↓
אֲנִי בָּאָה הַיּוֹם.
אַתְּ בָּאָה הַיּוֹם.
הִיא בָּאָה הַיּוֹם.

3 ←

2 ↓
אֲנַחְנוּ בָּאוֹת הַיּוֹם.
אַתֶּן בָּאוֹת הַיּוֹם.
הֵן בָּאוֹת הַיּוֹם.

ג

1 ↓
אֲנִי רוֹאֶה תַּלְמִיד יָפֶה.
אֲנִי רוֹאֶה תַּלְמִיד קָטָן.

3 ←

2 ↓
אֲנַחְנוּ רוֹאִים תַּלְמִידִים יָפִים.
אֲנַחְנוּ רוֹאִים תַּלְמִידִים קְטַנִּים.

1 ↓
אֲנִי רוֹאָה כִּתָּה יָפָה.
אֲנִי רוֹאָה כִּתָּה קְטַנָּה.

3 ←

2 ↓
אֲנַחְנוּ רוֹאוֹת כִּתּוֹת יָפוֹת.
אֲנַחְנוּ רוֹאוֹת כִּתּוֹת קְטַנּוֹת.

כַּמָּה יֵשׁ? How Many Are There

1	אֶחָד
2	שְׁנַיִם, שְׁנֵי
3	שְׁלֹשָׁה
4	אַרְבָּעָה
5	חֲמִשָּׁה
6	שִׁשָּׁה
7	שִׁבְעָה
8	שְׁמוֹנָה
9	תִּשְׁעָה
10	עֲשָׂרָה

א אִם אַתָּה מוֹכֵר לוֹ ___שְׁלֹשָׁה___ (3) עִתּוֹנִים וְעוֹד ___שְׁנַיִם___ (2),
יֵשׁ לוֹ ___חֲמִשָּׁה___ (5) עִתּוֹנִים.

ב אִם אַתָּה נוֹתֵן לוֹ ___שְׁנֵי___ (2) סִדּוּרִים וְעוֹד ___שְׁנַיִם___ (2),
יֵשׁ לוֹ ________ (4) סִדּוּרִים.

ג אִם אַתָּה כּוֹתֵב לָהּ חִבּוּר ___אֶחָד___ (1) וְעוֹד חִבּוּר ________ (1),
יֵשׁ לָהּ ________ (2) חִבּוּרִים.

ד אִם אַתָּה קוֹנֶה לָהּ ________ (4) שְׁלָטִים וְעוֹד ________ (2),
יֵשׁ ________ ________ ________.

ה אִם אַתָּה מוֹכֵר לוֹ ________ (5) סְפָרִים וְעוֹד ________ (5),
יֵשׁ ________ ________ ________.

ו אִם אַתָּה כּוֹתֵב לוֹ ________ (2) מִכְתָּבִים וְעוֹד מִכְתָּב ________ (1),
יֵשׁ ________ ________ ________.

ז אִם אַתָּה מוֹכֵר לָהּ ________ (6) כַּדּוּרִים וְעוֹד כַּדּוּר ________ (1),
יֵשׁ ________ ________ ________.

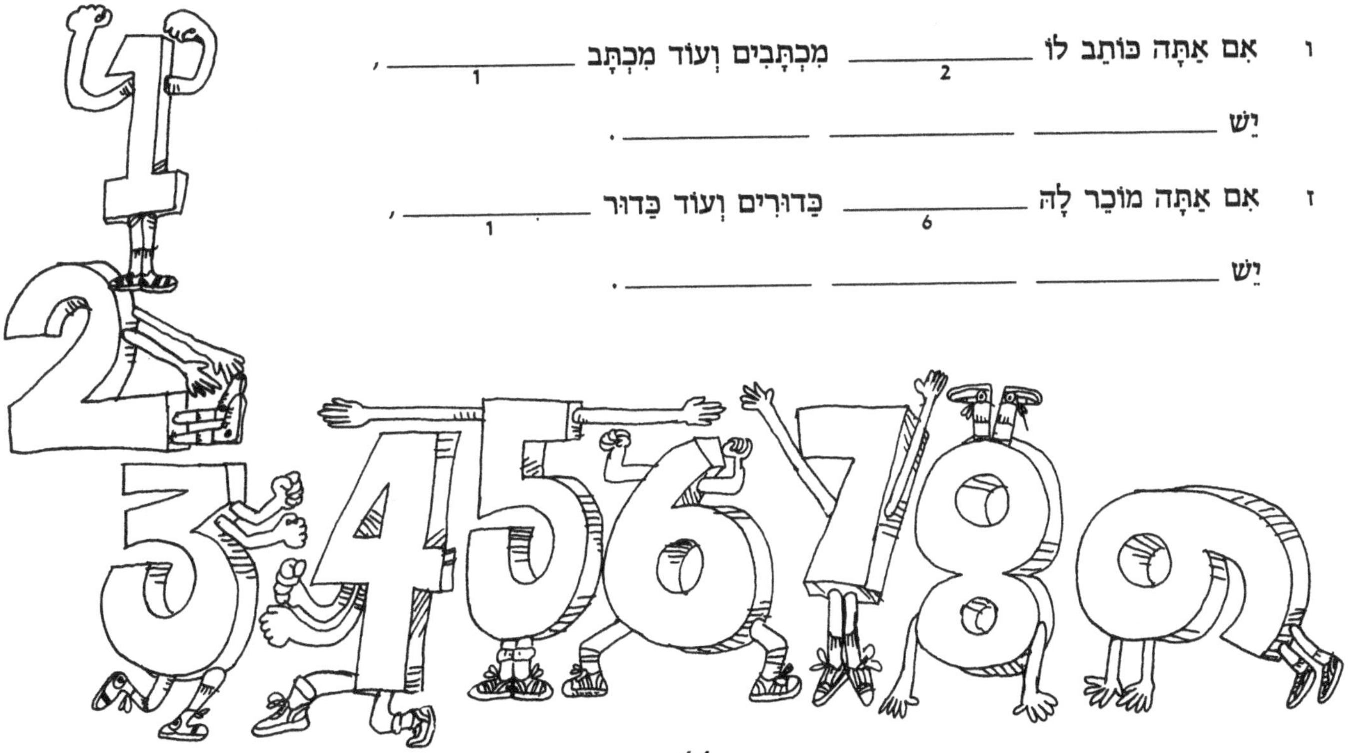

How Many Sentences Can You Write

Write as many sentences as you can to describe the picture. Here are some helpful words.

רוֹצָה, רוֹצָה ל...		אוֹהֵב, אוֹהֶבֶת ל...			צָרִיךְ, צְרִיכָה ל...		סְפָרִים	חֲנוּת
יְהוּדִים	חֲבֵרִים	פְּרָחִים	מְאֹד	יָפִים	יֵשׁ לוֹ	נֵרוֹת	עֶרֶב	שַׁבָּת

ראה קנה שתה אכל אמר נתן בא

Reading for Pleasure קְרִיאָה לְהֲנָאָה

אֶרֶץ יִשְׂרָאֵל שֶׁלִּי	land
אֲבִיבָה בָּאָה הַבַּיְתָה עִם הַחֲבֵרוֹת שֶׁלָּהּ דְּבוֹרָה וְיוֹסֵפָה.	with
הֵן רוֹאוֹת שֶׁאִמָּא בַּבַּיִת עִם דָּנִי וְהֶחָבֵר שֶׁלּוֹ זְכַרְיָה,	
וְהֵן אוֹמְרוֹת "שָׁלוֹם".	
אֲבִיבָה אוֹמֶרֶת, "אִמָּא, עוֹד מְעַט בָּא הֶחָג ט"ו בִּשְׁבָט.	soon / holiday
אֲנִי רוֹצָה לִנְטֹעַ שְׁנֵי עֵצִים בְּאֶרֶץ יִשְׂרָאֵל	to plant / trees
לִכְבוֹד חַג הָאִילָנוֹת (עֵצִים)."	
"גַּם אֲנַחְנוּ רוֹצוֹת לִנְטֹעַ עֵצִים בְּאֶרֶץ יִשְׂרָאֵל,"	want (f pl)
אוֹמְרוֹת דְּבוֹרָה וְיוֹסֵפָה.	
"אֲבָל אֵיךְ אֶפְשָׁר לַעֲשׂוֹת אֶת זֶה?" שׁוֹאֵל דָּנִי.	asks
"אַתֶּן לֹא בְּאֶרֶץ יִשְׂרָאֵל, אַתֶּן בַּאֲמֶרִיקָה."	
"כֵּן," אוֹמֶרֶת דְּבוֹרָה, "אֲנַחְנוּ לֹא גָּרוֹת בְּיִשְׂרָאֵל,	live
אֲבָל אֶרֶץ יִשְׂרָאֵל הִיא הָאָרֶץ שֶׁל כָּל יְהוּדִי בְּכָל הָעוֹלָם."	world
"נָכוֹן," אוֹמֶרֶת יוֹסֵפָה, "אֶרֶץ יִשְׂרָאֵל הִיא הָאָרֶץ שֶׁלָּנוּ	that's right / ours
וְגַם שֶׁל זְכַרְיָה וְגַם שֶׁלְּךָ דָּנִי."	
"בְּט"ו בִּשְׁבָט," אוֹמֶרֶת אֲבִיבָה, "תַּלְמִידִים וְתַלְמִידוֹת	
בְּאֶרֶץ יִשְׂרָאֵל הוֹלְכִים עִם מוֹרִים וּמוֹרוֹת לְטִיּוּל.	on a trip
הֵם הוֹלְכִים מִן הָעִיר וּמִן הַכְּפָר לִנְטֹעַ עֵצִים בַּיַּעַר.	from the city / village / forest
אֲנַחְנוּ קוֹנִים אֶת הָעֵצִים בַּאֲמֶרִיקָה וְהֵם נוֹטְעִים אוֹתָם בְּיִשְׂרָאֵל.	buy / plant them
כָּל אֶחָד יוֹדֵעַ שֶׁעֵצִים הֵם חֲשׁוּבִים מְאֹד".	important
פִּתְאֹם דָּנִי רָץ אֶל הַחֶדֶר שֶׁלּוֹ.	suddenly / runs / room
הוּא חוֹזֵר עִם כָּל הַכֶּסֶף שֶׁלּוֹ וְאוֹמֵר, "גַּם אֲנִי רוֹצֶה	returns
לִנְטֹעַ עֵץ בְּאֶרֶץ יִשְׂרָאֵל, כִּי אֶרֶץ יִשְׂרָאֵל גַּם שֶׁלִּי".	

The Jewish Connection   תּוֹדָעָה יְהוּדִית

> Jews are responsible for one another

> Sharing with others

We are taught   כָּל יִשְׂרָאֵל עֲרֵבִים זֶה בָּזֶה.

Every Jew, no matter where he or she may live, is responsible for the well-being of all other Jews throughout the world.

Just as we feel that we must take care of our **immediate** family, we feel a sense of responsibility for the **extended** Jewish family.

How did the children in the story you have just read show that they were interested in the extended Jewish family?

In what other ways can we show that we are responsible for Jews throughout the world?

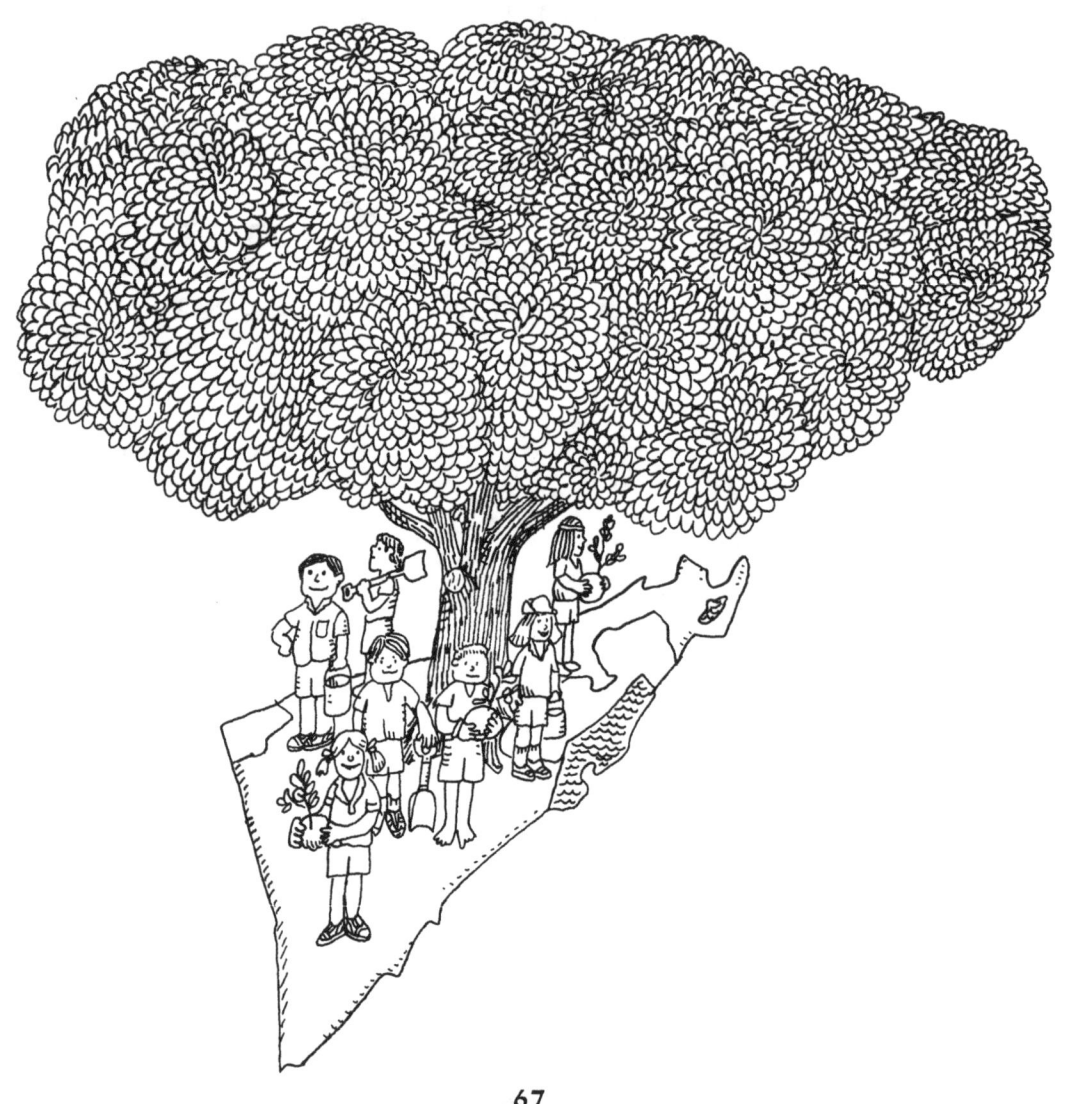

67

Cross Country Marathon

אַרְבָּעָה	יְהוּדִי	
דְּבָרִים	מַדְלִיקָה	
מַלְכָּה	מַדְלִיק	
מְבָרֶכֶת	חַלּוֹת	
מְבָרֵךְ	יוֹם	
	פְּרָחִים	

1 Sabbath breads יֵשׁ ____ עַל הַשֻּׁלְחָן.

2 blesses אִמָּא ____ עַל הַנֵּרוֹת.

3 flowers יֵשׁ ____ לִכְבוֹד שַׁבָּת.

4 Jew כָּל ____ רוֹצֶה לַעֲזֹר לַיְּהוּדִים.

5 day ____ הַשַּׁבָּת בָּא.

6 things יֵשׁ ____ טוֹבִים לִכְבוֹד הֶחָג.

7 lights (f) סַבְתָּא ____ אֶת הַנֵּרוֹת.

8 lights (m) הוּא ____ אֶת הַנֵּרוֹת שֶׁל חֲנֻכָּה.

9 queen שַׁבָּת הַ ____ בָּאָה.

10 blesses סַבָּא ____ אֶת הַיְלָדִים.

11 four (m) הִיא מַדְלִיקָה ____ נֵרוֹת.

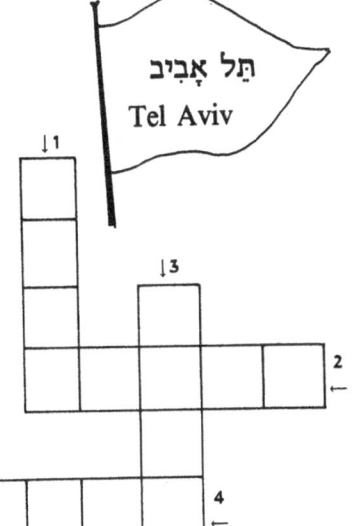

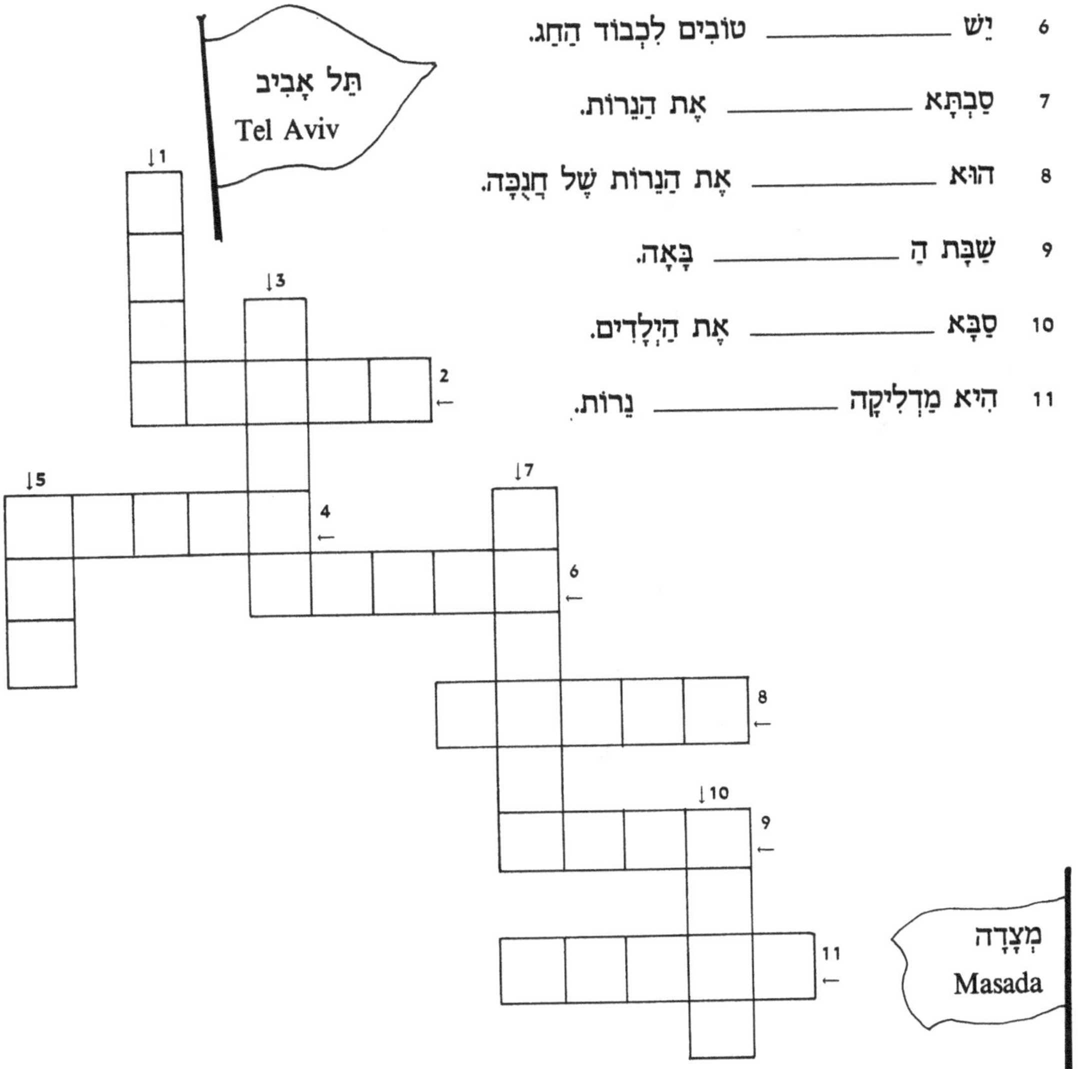

תֵּל אָבִיב
Tel Aviv

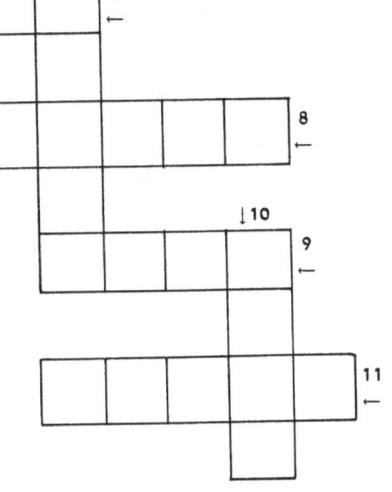

מְצָדָה
Masada

68

שִׁעוּר שְׁנֵים־עָשָׂר
Lesson Twelve

מַה חָדָשׁ?

like, as	א	כְּמוֹ (הוּא יוֹדֵעַ עִבְרִית כְּמוֹ הַמּוֹרֶה.)	(plural nouns and adjectives)	ד	שִׁירִים יָפִים
when (not a question)	ב	כַּאֲשֶׁר (הוּא אוֹכֵל כַּאֲשֶׁר אֲנִי אוֹכֵל.)	puts (f)	ה	שָׂמָה (הִיא שָׂמָה פְּרָחִים עַל הַשֻּׁלְחָן.)
now	ג	עַכְשָׁו (עַכְשָׁו הוּא בַּבַּיִת.)	(שִׂים) (m) (m pl, f pl)		שָׂם (הוּא שָׂם כֶּסֶף בַּכִּיס.) שָׂמִים, שָׂמוֹת

נִקְרָא וְנִלְמַד

א
הַדּוֹד שֶׁלִּי גָּדוֹל ←1 כְּמוֹ הַדּוֹד שֶׁלְּךָ.
הָאָח שֶׁלִּי גָּדוֹל כְּמוֹ הָאָח שֶׁלְּךָ.

ב
אַבָּא מְבָרֵךְ עַל הַיַּיִן ←1 כַּאֲשֶׁר הוּא אוֹמֵר אֶת הַקִּדּוּשׁ.
סַבָּא מְבָרֵךְ עַל הַיַּיִן כַּאֲשֶׁר הוּא אוֹמֵר אֶת הַקִּדּוּשׁ.

ג
עֶרֶב בָּא. ←2 1↓ עַכְשָׁו סַבְתָּא מַדְלִיקָה אֶת הַנֵּרוֹת.
עֶרֶב בָּא. עַכְשָׁו אִמָּא מַדְלִיקָה אֶת הַנֵּרוֹת.

ד
מִי אוֹהֵב שִׁיר יָפֶה? ←1 אֲנִי אוֹהֵב שִׁירִים יָפִים.
מִי אוֹהֵב פֶּרַח יָפֶה? אֲנִי אוֹהֵב פְּרָחִים יָפִים.

ה
1↓ אֲנִי שָׂם חַלּוֹת עַל הַשֻּׁלְחָן. ←3 2↓ עַכְשָׁו אֲנִי שָׂמָה חַלּוֹת עַל הַשֻּׁלְחָן.
אַתָּה שָׂם חַלּוֹת עַל הַשֻּׁלְחָן. עַכְשָׁו אַתְּ שָׂמָה חַלּוֹת עַל הַשֻּׁלְחָן. (שִׂים)
הוּא שָׂם חַלּוֹת עַל הַשֻּׁלְחָן. עַכְשָׁו הִיא שָׂמָה חַלּוֹת עַל הַשֻּׁלְחָן.

1↓ אֲנַחְנוּ שָׂמִים נֵרוֹת עַל הַשֻּׁלְחָן. ←3 2↓ גַּם אֲנַחְנוּ שָׂמוֹת נֵרוֹת עַל הַשֻּׁלְחָן.
אַתֶּם שָׂמִים נֵרוֹת עַל הַשֻּׁלְחָן. גַּם אַתֶּן שָׂמוֹת נֵרוֹת עַל הַשֻּׁלְחָן.
הֵם שָׂמִים נֵרוֹת עַל הַשֻּׁלְחָן. גַּם הֵן שָׂמוֹת נֵרוֹת עַל הַשֻּׁלְחָן.

"When" is Not Always a Question

Do you notice how agreeable אֲבִיבָה and דָּנִי are? Each one wants to do everything exactly *when* the other is doing it.

מָתַי?		כַּאֲשֶׁר . . .
א	מָתַי אַתָּה בָּא הַבַּיְתָה?	כַּאֲשֶׁר אַתְּ בָּאָה הַבַּיְתָה.
ב	מָתַי אַתְּ שָׂמָה פְּרָחִים עַל הַשֻּׁלְחָן?	כַּאֲשֶׁר אַתָּה
ג	מָתַי אַתָּה צָרִיךְ לַעֲזֹר לְאִמָּא?	
ד	מָתַי אַתְּ רוֹצָה לִלְמֹד אֶת הַשִּׁיר?	
ה	מָתַי אַתָּה שָׂם אֶת הַסִּדּוּר עַל הַשֻּׁלְחָן?	

We're Determined!

Here are a group of determined people. When they want to do something – they do it, now!

אֲנִי עוֹשֶׂה מַשֶּׁהוּ!	שֹׁרֶשׁ	כַּאֲשֶׁר אֲנִי רוֹצֶה לַעֲשׂוֹת מַשֶּׁהוּ...	
אֲנִי מוֹכֵר עִתּוֹנִים.	מ כ ר	כַּאֲשֶׁר אֲנִי רוֹצֶה לִמְכֹּר עִתּוֹנִים,	א
הִיא נוֹתֶנֶת צְדָקָה.	נ ת ן	כַּאֲשֶׁר הִיא רוֹצָה לָתֵת צְדָקָה,	ב
אַתָּה לוֹמֵד	ל מ ד	כַּאֲשֶׁר אַתָּה רוֹצֶה לִלְמֹד עִבְרִית,	ג
______	ע ש ה	כַּאֲשֶׁר אֲנִי רוֹצֶה לַעֲשׂוֹת מַשֶּׁהוּ,	ד
______	ע ז ר	כַּאֲשֶׁר אַתְּ רוֹצָה לַעֲזֹר לְאִמָּא,	ה
______	ק נ ה	כַּאֲשֶׁר הוּא רוֹצֶה לִקְנוֹת מַתָּנָה,	ו
______	ק נ ה	כַּאֲשֶׁר אַתְּ רוֹצָה לִקְנוֹת פְּרָחִים לְשַׁבָּת,	ז
______	ה ל ך	כַּאֲשֶׁר אֲנִי רוֹצֶה לָלֶכֶת לַגַּן,	ח

רוֹצִים, רוֹצוֹת
want to (pl)

הֵם הוֹלְכִים הַבַּיְתָה.	ה ל ך	כַּאֲשֶׁר הֵם רוֹצִים לָלֶכֶת הַבַּיְתָה,	א
______	א כ ל	כַּאֲשֶׁר הֵם רוֹצִים לֶאֱכֹל חַלָּה,	ב
______	א כ ל	כַּאֲשֶׁר הֵן רוֹצוֹת לֶאֱכֹל עוּגָה,	ג
______	ל מ ד	כַּאֲשֶׁר הֵן רוֹצוֹת לִלְמֹד בַּכִּתָּה,	ד
______	כ ת ב	כַּאֲשֶׁר אֲנַחְנוּ רוֹצִים לִכְתֹּב עִבְרִית,	ה
______	ק ר א	כַּאֲשֶׁר אֲנַחְנוּ רוֹצוֹת לִקְרֹא עִבְרִית,	ו
______	ק נ ה	כַּאֲשֶׁר אַתֶּם רוֹצִים לִקְנוֹת עִתּוֹן,	ז
______	ה ל ך	כַּאֲשֶׁר אַתֶּן רוֹצוֹת לָלֶכֶת לַגַּן,	ח

Reversibles

Change each sentence from masculine to feminine, or from feminine to masculine.

like, as כְּמוֹ שֶׁ...

א הוּא רוֹצֶה לִלְמֹד עִבְרִית — כְּמוֹ שֶׁהִיא רוֹצָה לִלְמֹד עִבְרִית.

ב אַתְּ נוֹתֶנֶת צְדָקָה — כְּמוֹ שֶׁאַתָּה נוֹתֵן צְדָקָה.

ג הִיא מוֹכֶרֶת עִתּוֹנִים — כְּמוֹ שֶׁהוּא

ד אַתָּה עוֹבֵד בַּבַּיִת — __________

ה הוּא עוֹזֵר לְאַבָּא — __________

ו אַתְּ עוֹשָׂה מַשֶּׁהוּ יָפֶה — __________

Change each sentence from singular to plural.

when כַּאֲשֶׁר

א אֲנִי עוֹבֵד בַּחֲנוּת — כַּאֲשֶׁר אֲנַחְנוּ עוֹבְדִים בַּחֲנוּת.

ב אַתָּה עוֹזֵר לְחָבֵר — כַּאֲשֶׁר אַתֶּם

ג הוּא קוֹנֶה פְּרָחִים — הֵם

ד אַתָּה הוֹלֵךְ הַבַּיְתָה — __________

ה הִיא לוֹמֶדֶת עִבְרִית — הֵן

ו אַתְּ אוֹכֶלֶת אֲרוּחָה — אַתֶּן

ל *Words*

All the words in this puzzle begin with the same letter, ל.
Read each sentence and find the missing word in the puzzle. Write the number of the sentence next to that word in the puzzle. Now write the word in the sentence. Read the completed sentence.

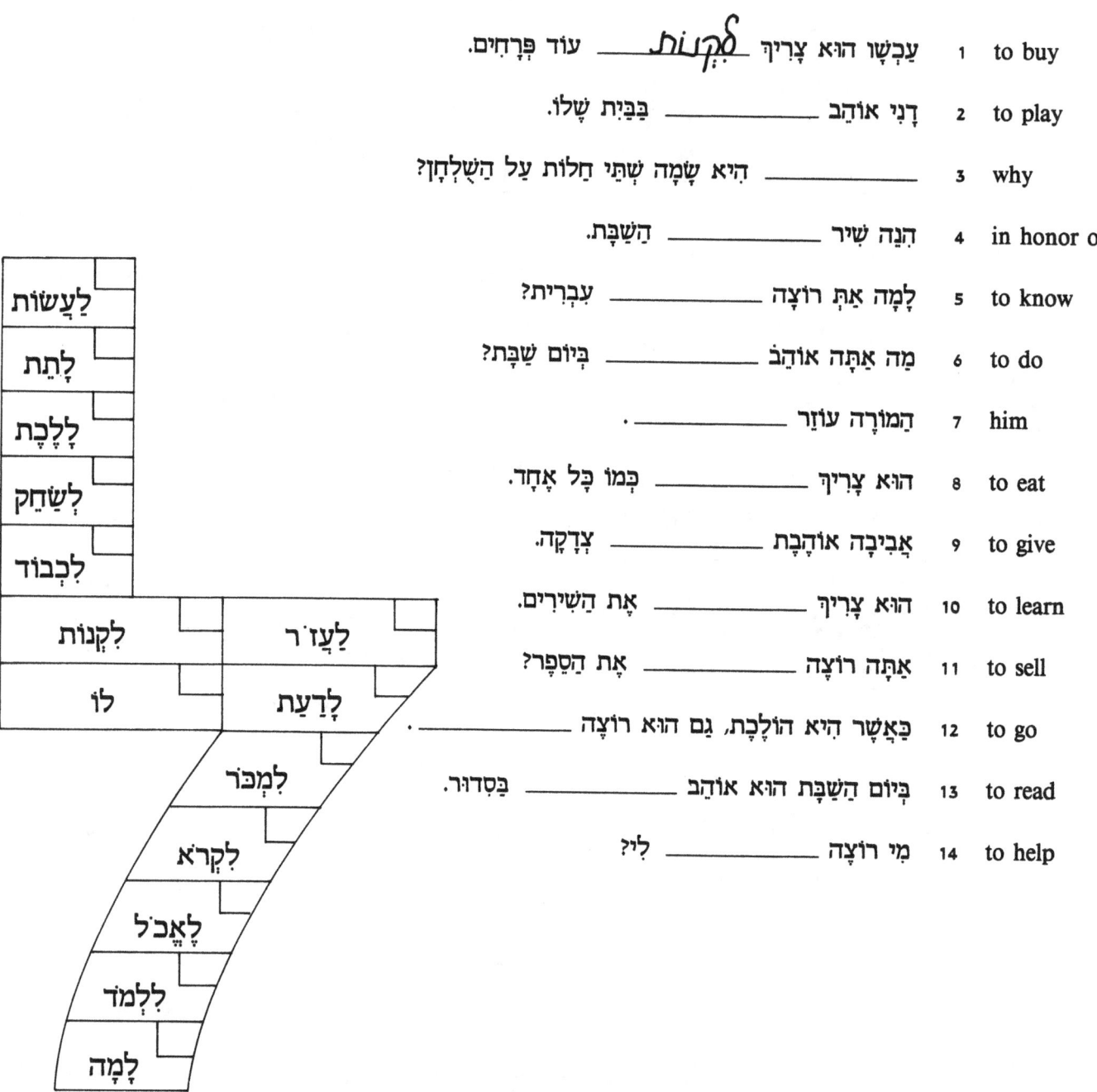

עַכְשָׁו הוּא צָרִיךְ לִקְנוֹת עוֹד פְּרָחִים.	1	to buy
דָנִי אוֹהֵב ________ בַּבַּיִת שֶׁלוֹ.	2	to play
________ הִיא שָׂמָה שְׁתֵּי חַלּוֹת עַל הַשֻּׁלְחָן?	3	why
הִנֵּה שִׁיר ________ הַשַּׁבָּת.	4	in honor of
לָמָה אַתְּ רוֹצָה ________ עִבְרִית?	5	to know
מַה אַתָּה אוֹהֵב ________ בְּיוֹם שַׁבָּת?	6	to do
הַמּוֹרֶה עוֹזֵר ________.	7	him
הוּא צָרִיךְ ________ כְּמוֹ כָּל אֶחָד.	8	to eat
אֲבִיבָה אוֹהֶבֶת ________ צְדָקָה.	9	to give
הוּא צָרִיךְ ________ אֶת הַשִּׁירִים.	10	to learn
אַתָּה רוֹצֶה ________ אֶת הַסֵּפֶר?	11	to sell
כַּאֲשֶׁר הִיא הוֹלֶכֶת, גַּם הוּא רוֹצֶה ________.	12	to go
בְּיוֹם הַשַּׁבָּת הוּא אוֹהֵב ________ בַּסִּדּוּר.	13	to read
מִי רוֹצֶה ________ לִי?	14	to help

Cross Country Marathon

טְבֶרְיָה
Tiberias
אַשְׁקְלוֹן
Ashkelon

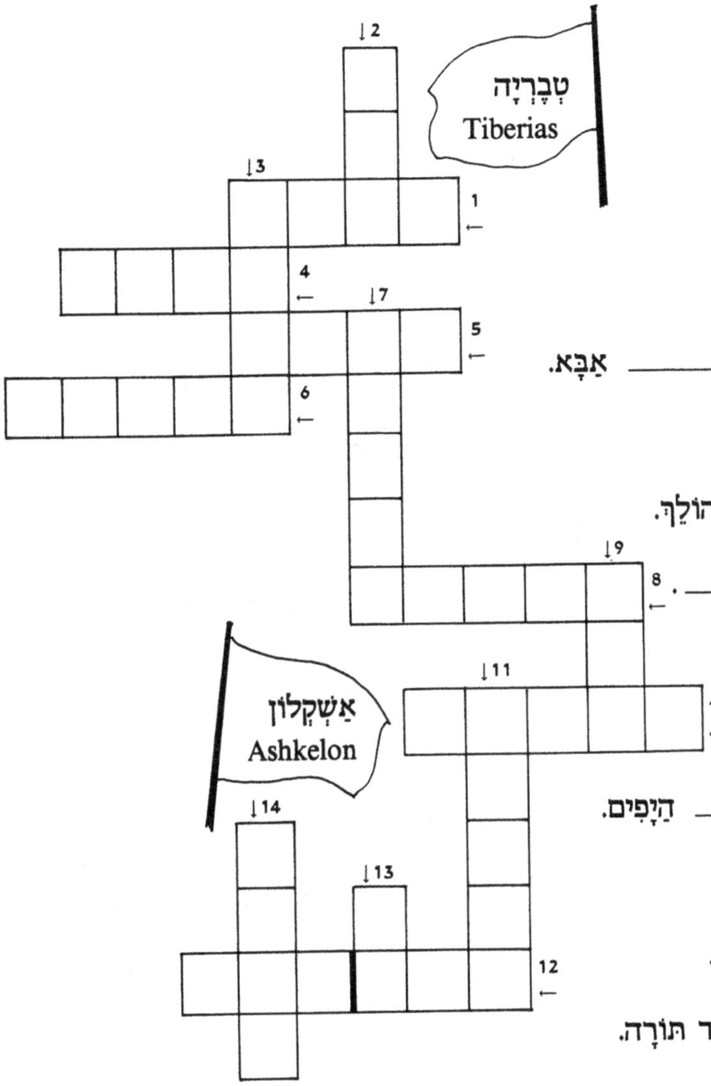

דְּבָרִים	עַכְשָׁו	יְהוּדִי	שִׁיר
פְּרָחִים	שִׁירִים	כַּאֲשֶׁר	כְּמוֹ
אֶפְשָׁר	וְיָפִים	שָׁם	יוֹם שִׁשִּׁי
	יוֹדֵעַ	קִדּוּשׁ	

knows (m)	1	מִי ______ מַה זֶּה?
like, as	2	הוּא יוֹדֵעַ אֶת הַקִּדּוּשׁ ______ אַבָּא.
now	3	הִיא אוֹכֶלֶת ______.
when	4	הוּא בָּא ______ אֲנִי הוֹלֵךְ.
Kiddush	5	גַּם דָּנִי יוֹדֵעַ אֶת הַ ______.
and nice	6	הֵם טוֹבִים ______.
things	7	הִנֵּה ______ טוֹבִים.
songs	8	הוּא יוֹדֵעַ אֶת הַ ______ הַיָּפִים.
song	9	זֶה ______ יָפֶה מְאֹד.
flowers	10	אֲנִי קוֹנָה ______ יָפִים.
Jew	11	כָּל ______ צָרִיךְ לִלְמֹד תּוֹרָה.
Friday	12	הָאוֹרְחִים בָּאִים בְּ ______ ______.
puts	13	הוּא ______ אֶת הַפְּרָחִים עַל הַשֻּׁלְחָן.
possible	14	אֵיךְ ______ לָלֶכֶת לַחֲנוּת הַיּוֹם?

שִׁעוּר שְׁלֹשָׁה־עָשָׂר
Lesson Thirteen

מַה חָדָשׁ?

to pray	א	לְהִתְפַּלֵּל (אֲנִי אוֹהֵב לְהִתְפַּלֵּל.) פלל	from	ג	מִ (מִירוּשָׁלַיִם) מֵ (מֵאַמֶרִיקָה)*
to sing	ב	לָשִׁיר (אֲנִי רוֹצֶה לָשִׁיר אֶת הַשִּׁיר.) שיר			

*מֵ is used in front of a word beginning with the letters א ע ה ח ר.

נִקְרָא וְנִלְמַד

א
1 ↓
דָּנִי צָרִיךְ לְהִתְפַּלֵּל.
דָּנִי רוֹצֶה לְהִתְפַּלֵּל.
דָּנִי אוֹהֵב לְהִתְפַּלֵּל.

←3

2 ↓
גַּם אֲבִיבָה צְרִיכָה לְהִתְפַּלֵּל.
גַּם אֲבִיבָה רוֹצָה לְהִתְפַּלֵּל. (פלל)
גַּם אֲבִיבָה אוֹהֶבֶת לְהִתְפַּלֵּל.

ב
1 ↓
סַבָּא יוֹדֵעַ לָשִׁיר אֶת הַתְּפִלּוֹת.
אַבָּא יוֹדֵעַ לָשִׁיר אֶת הַתְּפִלּוֹת.
דָּנִי יוֹדֵעַ לָשִׁיר אֶת הַתְּפִלּוֹת.

←2

גַּם סַבְתָּא יוֹדַעַת לָשִׁיר אֶת הַתְּפִלּוֹת.
גַּם אִמָּא יוֹדַעַת לָשִׁיר אֶת הַתְּפִלּוֹת. (שיר)
גַּם אֲבִיבָה יוֹדַעַת לָשִׁיר אֶת הַתְּפִלּוֹת.

ג
שִׂמְחִי, מֵאַיִן אַתָּה בָּא?
אַהֲרוֹן, מֵאַיִן אַתָּה בָּא?
יוֹנִי, מֵאַיִן אַתָּה בָּא?

←2

1 ↓
אֲנִי בָּא מִנְיוּ־יוֹרְק.
אֲנִי בָּא מִבּוֹסְטוֹן.
אֲנִי בָּא מִנְיוּ־גֶ׳רְסִי.

רִבְקָה, מֵאַיִן אַתְּ בָּאָה?
חַנָּה, מֵאַיִן אַתְּ בָּאָה?

אֲנִי בָּאָה מֵעִירָק.
אֲנִי בָּאָה מֵהוֹלַנְד.

מֵאַיִן
from where

Be A Script Writer

אֲבִיבָה knows all the answers! Can you be her script writer?

א מִי צָרִיךְ לְהִתְפַּלֵּל?

כָּל יְהוּדִי צָ

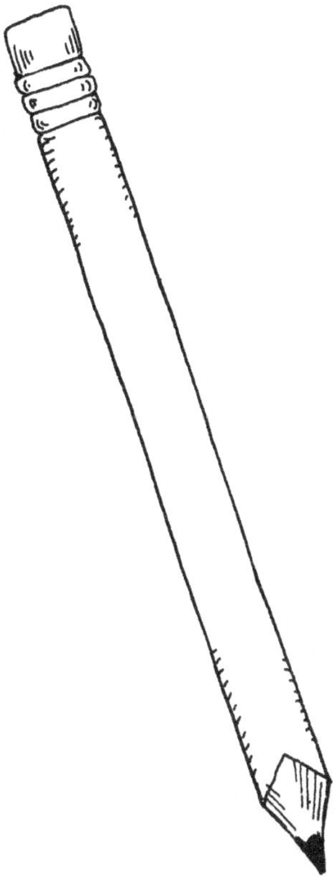

ב אֵיפֹה אֶפְשָׁר לְהִתְפַּלֵּל?

אֶפְשָׁר ל

ג לָמָה (מַדּוּעַ) צָרִיךְ כָּל יְהוּדִי
לָלֶכֶת לְבֵית הַכְּנֶסֶת?

ד מַה צָרִיךְ הַחַזָּן לַעֲשׂוֹת
בְּבֵית הַכְּנֶסֶת?

ה אֵיפֹה אֶפְשָׁר לִקְרֹא תְּפִלּוֹת
לִכְבוֹד שַׁבָּת?

אֶפְשָׁר

Reading for Pleasure קְרִיאָה לְהַנָאָה

שַׁבָּת בְּטֶקְסַאס

"מַזָל טוֹב!" אוֹמֶרֶת אִמָא לַמִשְׁפָּחָה שֶׁלָהּ. "דוֹד אַהֲרוֹן	family
קִבֵּל אֶת הַתּוֹאַר שֶׁלוֹ לְדוֹקְטוֹר לְפְּסִיכוֹלוֹגְיָה,	received / degree / psychology
וְדוֹדָה אִילָנָה רוֹצָה לַעֲשׂוֹת מְסִבָּה גְדוֹלָה בַּבַּיִת שֶׁלָהּ	party
בְּטֶקְסַאס. הִיא גַם מְכִינָה קִדוּשׁ גָדוֹל	prepares
לִכְבוֹד דוֹד אַהֲרוֹן בְּשַׁבָּת בְּבֵית הַכְּנֶסֶת.	
הִיא מַזְמִינָה אֶת כָּל הַמִשְׁפָּחָה לְשַׁבָּת, וַאֲנַחְנוּ טָסִים מָחָר	invites / fly
לְטֶקְסַאס."	
אֲבִיבָה וְדָנִי שְׂמֵחִים מְאֹד.	happy
עַכְשָׁו יוֹם שַׁבָּת בַּבֹּקֶר, וְכָל הַמִשְׁפָּחָה יוֹשֶׁבֶת	
בְּבֵית הַכְּנֶסֶת בְּטֶקְסַאס.	
אֲבִיבָה אוֹהֶבֶת לְהִתְפַּלֵל וְלָשִׁיר אֶת הַתְּפִלוֹת, אֲבָל	
הִיא חוֹשֶׁבֶת: "אוּלַי הַתְּפִלוֹת בְּטֶקְסַאס לֹא כְּמוֹ הַתְּפִלוֹת	thinks / maybe / not like
בְּנִיוּ יוֹרְק. אוּלַי הַמַנְגִינָה שֶׁל הַתְּפִלוֹת פֹּה, לֹא כְּמוֹ הַמַנְגִינָה	melody / here
שֶׁאֲנִי יוֹדַעַת; אוּלַי..."	
פִּתְאֹם הַחַזָן מַתְחִיל לָשִׁיר וְגַם הַקָהָל מַתְחִיל לָשִׁיר אֶת	suddenly / begins / congregation
הַתְּפִלוֹת.	
"זֶה לֹא יֵאָמֵן!" חוֹשֶׁבֶת אֲבִיבָה, "אֲנִי יוֹדַעַת אֶת כָּל הַמַנְגִינוֹת!"	it's unbelievable
אֲבִיבָה פּוֹתַחַת אֶת הַסִדוּר הַיָפֶה שֶׁלָהּ מִירוּשָׁלַיִם	opens
וּמַתְחִילָה לָשִׁיר אֶת הַתְּפִלוֹת.	

Extra challenge: Cover the story. Look at the picture and tell the story in your own words.

The Jewish Connection   תּוֹדָעָה יְהוּדִית

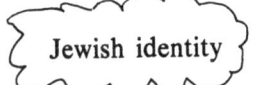

Jewish identity   Praying together   Praying through song

Have you ever visited a בֵּית כְּנֶסֶת in another city or state – or perhaps in another country? How was it different from your בֵּית כְּנֶסֶת? How was it the same? What does Jewish identity mean?

What do you think אֲבִיבָה learned from her visit in a בֵּית כְּנֶסֶת in Texas? What made אֲבִיבָה feel happy in her uncle's בֵּית כְּנֶסֶת?

Is it happier to sing alone, or to sing together? To pray alone or to pray together? Why?

Do you prefer to recite a prayer, or sing a prayer? Why? What prayers can **you** sing?

Find the Secret Word

Complete each sentence with the correct Hebrew word (letters and vowels).

Copy the word, without vowels, into the puzzle.

Read the shaded column from top to bottom, and you will find a secret word. Copy it into the **א** space. Write a sentence in the **ב** space, using the secret word.

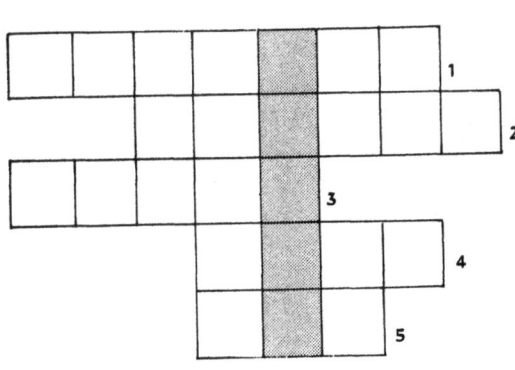

1 synagogue	זֶה _____ יָפֶה מְאֹד.
2 to pray	אֲנִי אוֹהֶבֶת _____.
3 in honor of	כָּל זֶה _____ הָאוֹרְחִים?
4 prayer book	בַּ _____ יֵשׁ כָּל הַתְּפִלוֹת.
5 to give	מִי רוֹצֶה _____ לִי סִדּוּר?

א _____

ב _____

78

Cross Country Marathon

	הוֹלֵךְ
	לָשִׁיר
	יְרוּשָׁלַיִם
	לְהִתְפַּלֵּל
	שַׁבָּת
	סִדּוּר
	תּוֹדָה
	כַּאֲשֶׁר
	בֵּית כְּנֶסֶת
	כִּי
	תְּפִלּוֹת
	יְהוּדִי

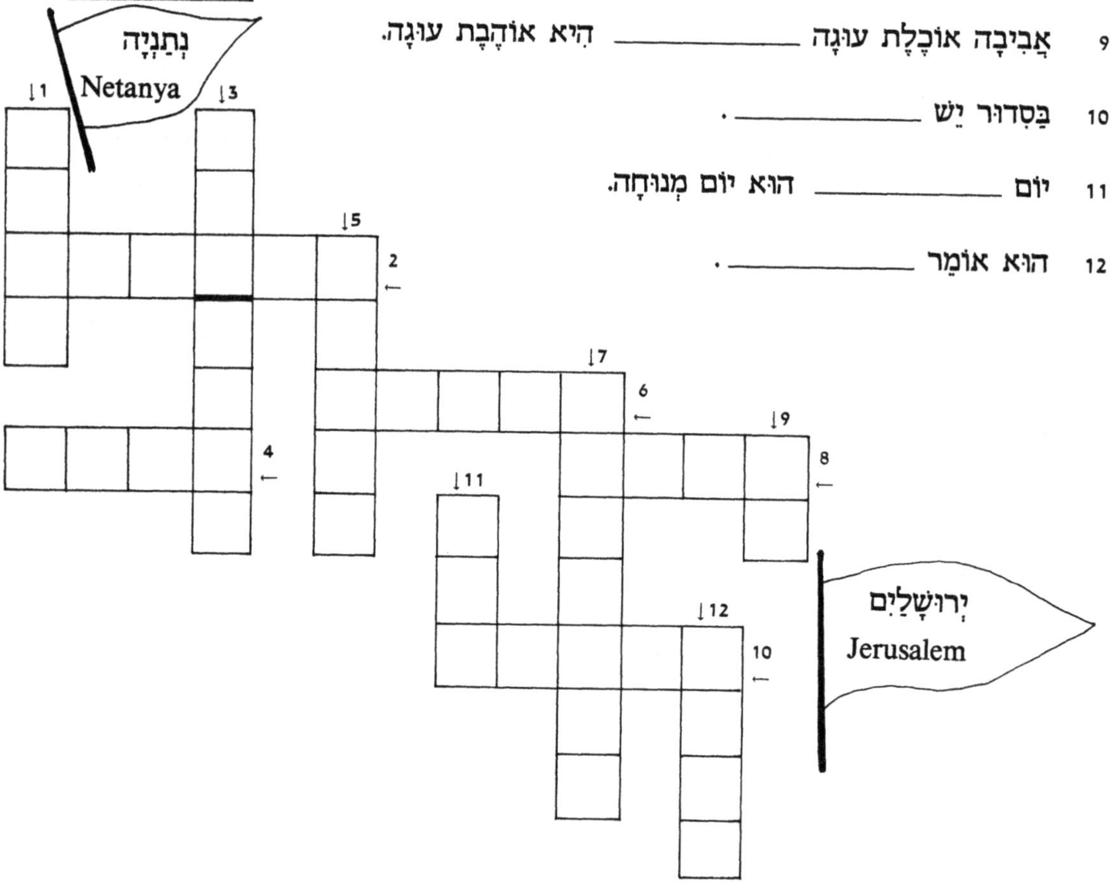

1 goes   הוּא _____ לְבֵית הַכְּנֶסֶת בְּשַׁבָּת.

2 to pray   אֲנִי אוֹהֵב _____.

3 synagogue   זֶה _____ _____ גָדוֹל.

4 prayer book   הוּא נוֹתֵן לִי _____.

5 to sing   הַחַזָן צָרִיךְ _____.

6 Jew   כָּל _____ צָרִיךְ לְהִתְפַּלֵּל.

7 Jerusalem   הוּא בָּא מִ _____.

8 when   הִיא הוֹלֶכֶת _____ אֲנִי הוֹלֶכֶת.

9 because   אֲבִיבָה אוֹכֶלֶת עוּגָה _____ הִיא אוֹהֶבֶת עוּגָה.

10 prayers   בַּסִדּוּר יֵשׁ _____.

11 Sabbath   יוֹם _____ הוּא יוֹם מְנוּחָה.

12 thank you   הוּא אוֹמֵר _____.

נְתַנְיָה
Netanya

↓1 ↓3 ↓5 2← ↓7 6← ↓9 8← 4← ↓11 ↓12 10←

יְרוּשָׁלַיִם
Jerusalem

79

שִׁעוּר אַרְבָּעָה־עָשָׂר
Lesson Fourteen

מַה חָדָשׁ?

א talking, speaking — מְדַבֵּר (הוּא מְדַבֵּר עִבְרִית.)
מְדַבֶּרֶת (הִיא מְדַבֶּרֶת עִבְרִית.)
מְדַבְּרִים (הֵם מְדַבְּרִים עִבְרִית.)
מְדַבְּרוֹת (הֵן מְדַבְּרוֹת עִבְרִית)
(דבר)

ב with — עִם (הִיא אוֹכֶלֶת עִם סַבְתָּא.)

ג to hear, to listen — לִשְׁמֹעַ (הוּא לֹא רוֹצֶה לִשְׁמֹעַ דָּבָר.)
(שמע)

נִקְרָא וְנִלְמַד

א
1 אֲנִי מְדַבֵּר עִבְרִית.
אַתָּה מְדַבֵּר עִבְרִית.
הוּא מְדַבֵּר עִבְרִית.

3←

2 גַּם אֲנִי מְדַבֶּרֶת עִבְרִית.
גַּם אַתְּ מְדַבֶּרֶת עִבְרִית.
גַּם הִיא מְדַבֶּרֶת עִבְרִית.
(דבר)

1 אֲנַחְנוּ מְדַבְּרִים רוּסִית.
אַתֶּם מְדַבְּרִים רוּסִית.
הֵם מְדַבְּרִים רוּסִית.

2 גַּם אֲנַחְנוּ מְדַבְּרוֹת רוּסִית.
גַּם אַתֶּן מְדַבְּרוֹת רוּסִית.
גַּם הֵן מְדַבְּרוֹת רוּסִית.

ב
1 יִצְחָק אוֹכֵל עִם שִׁירָה.
יִצְחָק לוֹמֵד עִם שִׁירָה.

3←

2 וְשִׁירָה אוֹכֶלֶת עִם יִצְחָק.
וְשִׁירָה לוֹמֶדֶת עִם יִצְחָק.
(אכל) (למד)

אַבָּא מְדַבֵּר עִם אִמָּא.
סַבָּא מְדַבֵּר עִם סַבְתָּא.

1←

וְאִמָּא מְדַבֶּרֶת עִם אַבָּא.
וְסַבְתָּא מְדַבֶּרֶת עִם סַבָּא.
(דבר)

ג
1 דָּנִי צָרִיךְ לִשְׁמֹעַ
דָּנִי רוֹצֶה לִשְׁמֹעַ
דָּנִי אוֹהֵב לִשְׁמֹעַ

2←

כַּאֲשֶׁר סַבָּא מְדַבֵּר.
כַּאֲשֶׁר סַבָּא מְדַבֵּר.
כַּאֲשֶׁר סַבָּא מְדַבֵּר.
(שמע)

When Must We Listen? מָתַי צְרִיכִים לִשְׁמֹעַ?

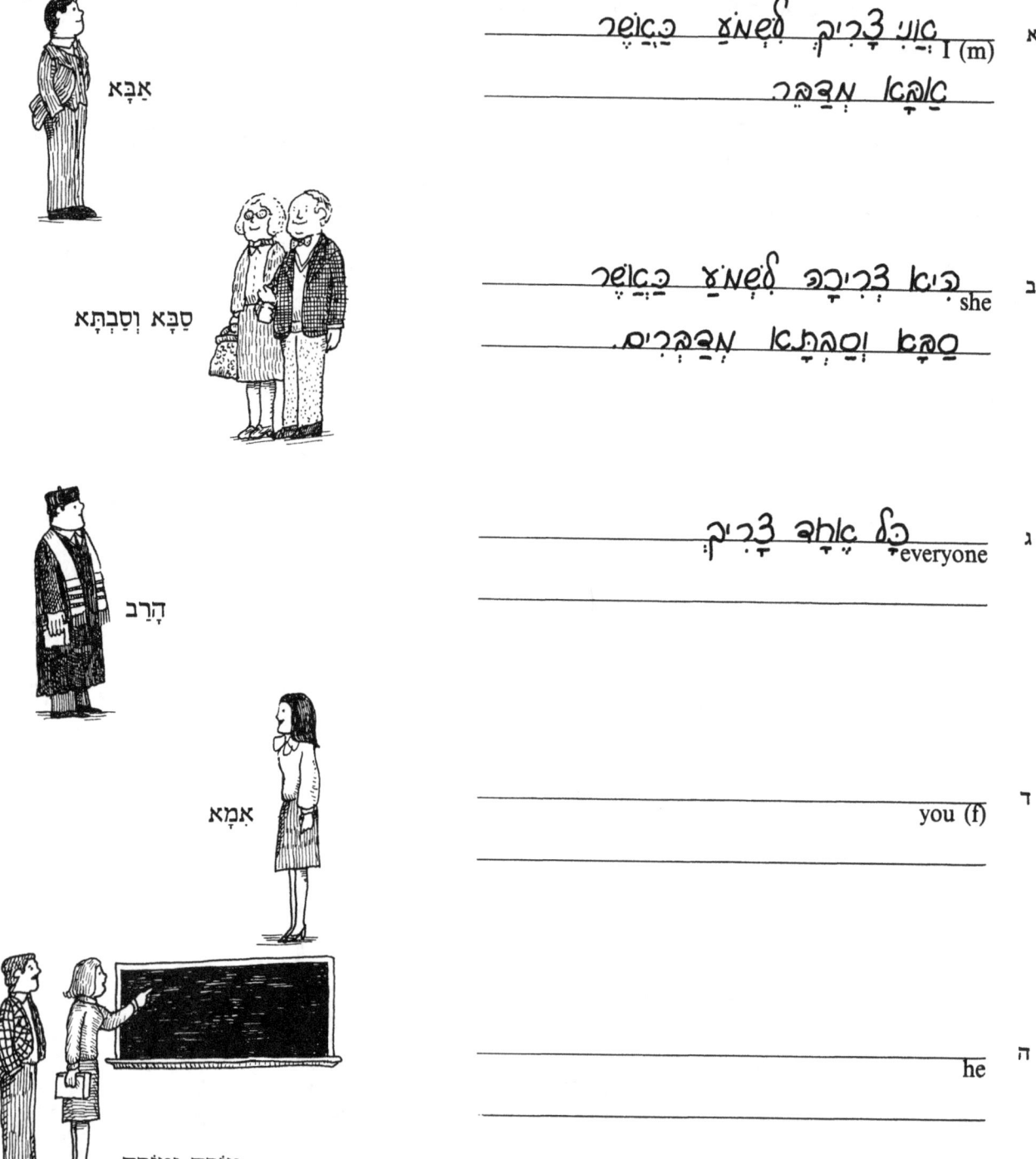

אַבָּא

א I (m) אֲנִי צָרִיךְ לִשְׁמֹעַ כַּאֲשֶׁר
אַבָּא מְדַבֵּר.

סַבָּא וְסַבְתָּא

ב she הִיא צְרִיכָה לִשְׁמֹעַ כַּאֲשֶׁר
סַבָּא וְסַבְתָּא מְדַבְּרִים.

הָרַב

ג everyone כָּל אֶחָד צָרִיךְ

אִמָּא

ד you (f)

מוֹרֶה וּמוֹרָה

ה he

With Whom? עִם מִי?

Write a sentence or a question, using the two words given.
The word עִם does not have to follow the first word immediately.
(See example ב.)

א לְהִתְפַּלֵּל עִם — אֲנִי אוֹהֵב לְהִתְפַּלֵּל עִם אַבָּא שֶׁלִּי בְּבֵית הַכְּנֶסֶת.

ב לָלֶכֶת עִם — הַאִם הוּא רוֹצֶה לָלֶכֶת אֶל הַגַּן עִם חֲבֵרֶיהָ?

ג לִקְנוֹת עִם ______

ד לֶאֱכֹל עִם ______

ה לִלְמֹד עִם ______

ו לָשִׁיר עִם ______

ז לִקְרֹא עִם ______

ח לְהִתְפַּלֵּל עִם ______

ט לְשַׂחֵק עִם ______

י לָלֶכֶת עִם ______

A Chain Puzzle

Complete each sentence with the correct word. Copy the word in the numbered space of the chain. If you are correct, the last letter of each word will be the same as the first letter of the next word!

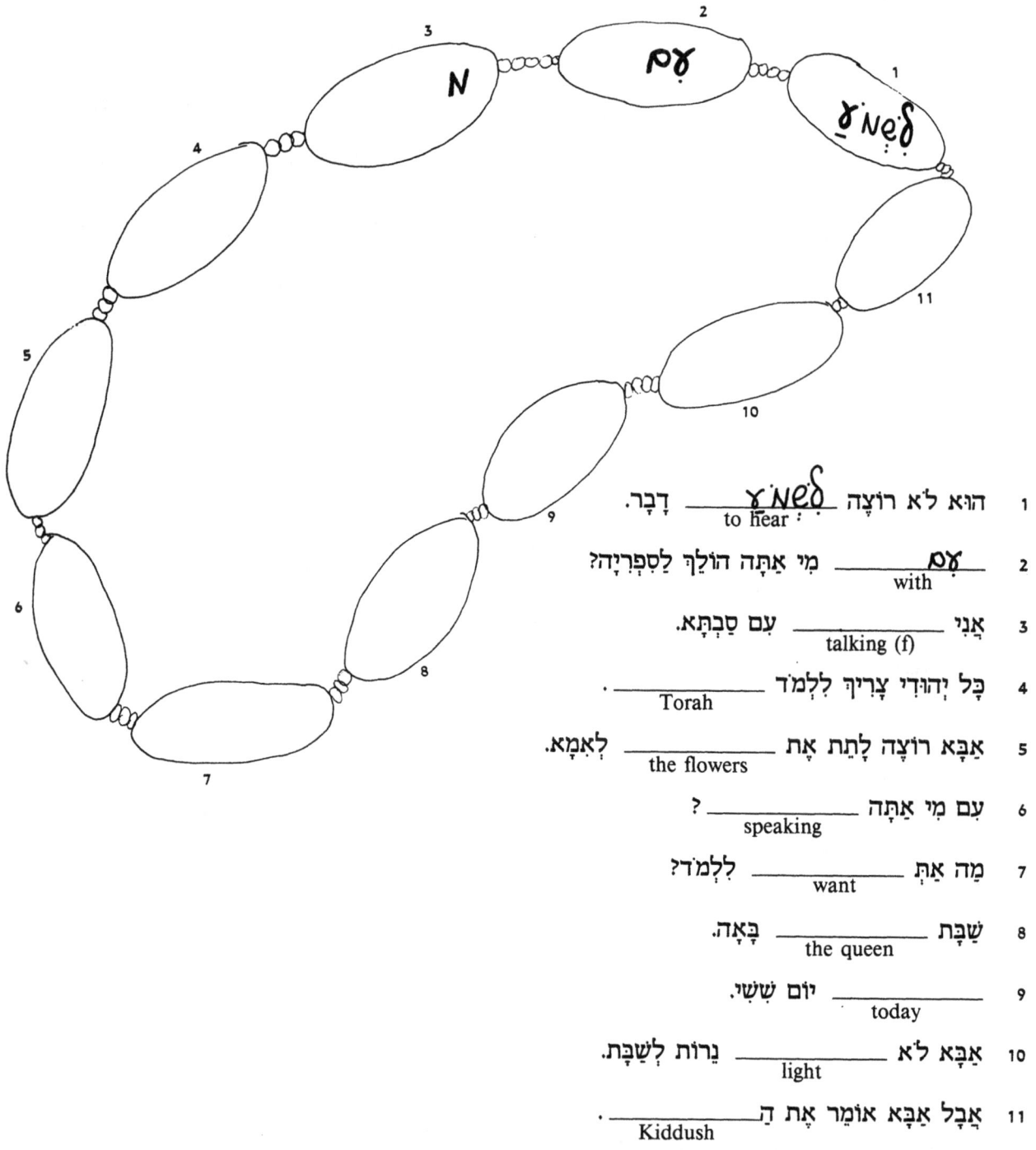

עם

1 הוּא לֹא רוֹצֶה __לשמע__ דָּבָר.
to hear

2 __עם__ מִי אַתָּה הוֹלֵךְ לַסִּפְרִיָּה?
with

3 אֲנִי ________ עִם סַבְתָּא.
talking (f)

4 כָּל יְהוּדִי צָרִיךְ לִלְמֹד ________.
Torah

5 אַבָּא רוֹצֶה לָתֵת אֶת ________ לְאִמָּא.
the flowers

6 עִם מִי אַתָּה ________?
speaking

7 מָה אַתְּ ________ לִלְמֹד?
want

8 שַׁבָּת ________ בָּאָה.
the queen

9 ________ יוֹם שִׁשִּׁי.
today

10 אַבָּא לֹא ________ נֵרוֹת לְשַׁבָּת.
light

11 אֲבָל אַבָּא אוֹמֵר אֶת הַ________.
Kiddush

Read and Find קְרָא וּמְצָא

Read the story on pages 110, 111 in the textbook, and find the answers to these questions. Your answers should be written in full sentences.

א מַה שֵׁם הַסִּפּוּר? ______________________________

ב מַדּוּעַ אוֹהֵב כָּל אֶחָד לִשְׁמֹעַ כַּאֲשֶׁר הָרַב מְדַבֵּר? ______________________________

ג מַה אוֹמֵר הָרַב עַל (about) הַתּוֹרָה? ______________________________

ד וּמַה אוֹמֵר הָרַב עַל צְדָקָה? ______________________________

The story tells us many things about אוֹרָה, דָּוִד and their parents.
Write the Hebrew sentence that tells us –

1 what אִמָּא likes

page 111, line ____

____

2 what אַבָּא likes

page 111, line ____

____

3 what אוֹרָה does in בֵּית הַכְּנֶסֶת

page 111, line ____

____

Cross Country Marathon

כָּל יְהוּדִי צָרִיךְ —————— ●	to pray	1
כָּל דָּבָר —————— הַמּוֹרָה.	in honor of	2
אֲבִיבָה —————— עִם דּוֹד יוֹנִי.	speaks	3
גַּם דָּנִי —————— עִם דּוֹד יוֹנִי.	speaks	4
הוּא מְדַבֵּר —————— הִיא מְדַבֶּרֶת.	when	5
הוּא יוֹדֵעַ לָשִׁיר —————— הַחַזָּן.	like, as	6
יֵשׁ לוֹ —————— יָפֶה.	voice	7
אֲנַחְנוּ צְרִיכִים לֶאֱכֹל —————— – —————— ●	supper	8
הוּא לֹא רוֹצֶה —————— דָּבָר.	to hear	9
מִי הָ—————— בְּבֵית הַכְּנֶסֶת שֶׁלְּךָ?	Rabbi	10
אֲנִי לוֹמֶדֶת —————— ●	prayers	11
אֲנִי גַּם לוֹמֶדֶת —————— ●	Torah	12

מְדַבֶּרֶת
מְדַבֵּר
כְּמוֹ
תְּפִלּוֹת
לְהִתְפַּלֵּל
לִשְׁמֹעַ
כַּאֲשֶׁר
קוֹל
רַב
לִכְבוֹד
תּוֹרָה
אֲרוּחַת־עֶרֶב

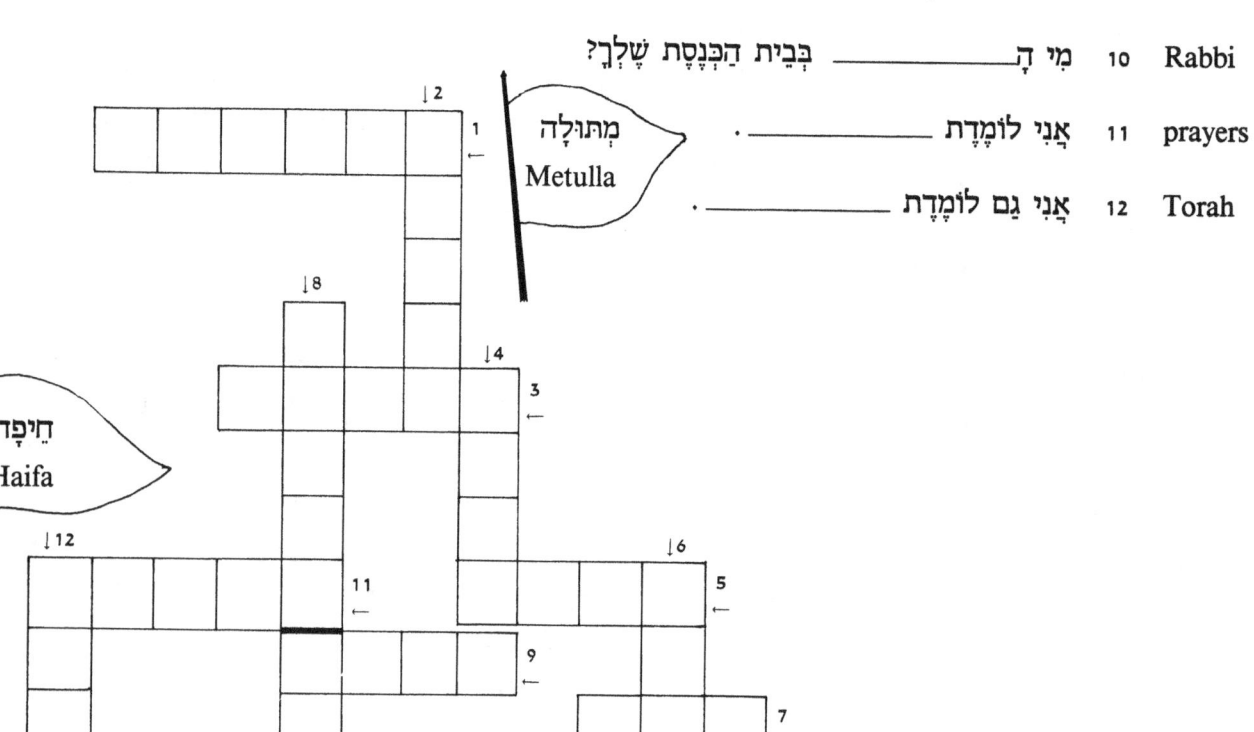

85

שִׁעוּר חֲמִשָּׁה־עָשָׂר
Lesson Fifteen

מַה חָדָשׁ?

reads (קרא) א קוֹרֵא (הוּא קוֹרֵא בַּסִדּוּר.)
קוֹרֵאת (הִיא קוֹרֵאת בַּסִדּוּר.)
קוֹרְאִים (הֵם קוֹרְאִים בַּסִדּוּר.)
קוֹרְאוֹת (הֵן קוֹרְאוֹת בַּסִדּוּר.)

stands (עמד) ב עוֹמֵד (הוּא עוֹמֵד.)
עוֹמֶדֶת (הִיא עוֹמֶדֶת.)
עוֹמְדִים (הֵם עוֹמְדִים.)
עוֹמְדוֹת (הֵן עוֹמְדוֹת.)

next to ג עַל־יַד (הוּא עוֹמֵד עַל־יַד הַכִּתָּה.)

נִקְרָא וְנִלְמַד

א (קרא)

1 יוֹנִי קוֹרֵא אֶת הָעִתּוֹן.
יוֹנִי קוֹרֵא אֶת הַסִדּוּר.
3 ←
2 עֲלִיזָה קוֹרֵאת אֶת הָעִתּוֹן
עֲלִיזָה קוֹרֵאת אֶת הַסִדּוּר.

1 הֵם קוֹרְאִים אֶת הַסֵפֶר.
הֵם קוֹרְאִים אֶת הַשֶּׁלֶט.
3 ←
2 הֵן קוֹרְאוֹת אֶת הַסֵפֶר.
הֵן קוֹרְאוֹת אֶת הַשֶּׁלֶט.

ב (עמד)

1 דָנִי עוֹמֵד בָּרְחוֹב.
דָנִי עוֹמֵד בַּגַּן.
3 ←
2 גַּם אֲבִיבָה עוֹמֶדֶת בָּרְחוֹב.
גַּם אֲבִיבָה עוֹמֶדֶת בַּגַּן.

1 אַתֶּם לֹא עוֹמְדִים עַכְשָׁו,
הֵם לֹא עוֹמְדִים עַכְשָׁו,
3 ←
2 וְאַתֶּן לֹא עוֹמְדוֹת עַכְשָׁו.
וְהֵן לֹא עוֹמְדוֹת עַכְשָׁו.

ג

הַאִם יַעֲקֹב עוֹמֵד עַל־יַד בֵּית הַכְּנֶסֶת?
הַאִם אַהֲרוֹן עוֹמֵד עַל־יַד בֵּית הַכְּנֶסֶת?
1 ←
לֹא, פְּנִינָה עוֹמֶדֶת עַל־יַד בֵּית הַכְּנֶסֶת.
לֹא, אִילָנָה עוֹמֶדֶת עַל־יַד בֵּית הַכְּנֶסֶת.

אֲנִי	אֲנַחְנוּ
אַתָּה	אַתֶּם
הוּא	הֵם

אֲנִי	אֲנַחְנוּ
אַתְּ	אַתֶּן
הִיא	הֵן

Be a Script-Writer

Look at each picture and write a question about it. Then write the answer. The answer must include the words עַל־יַד.

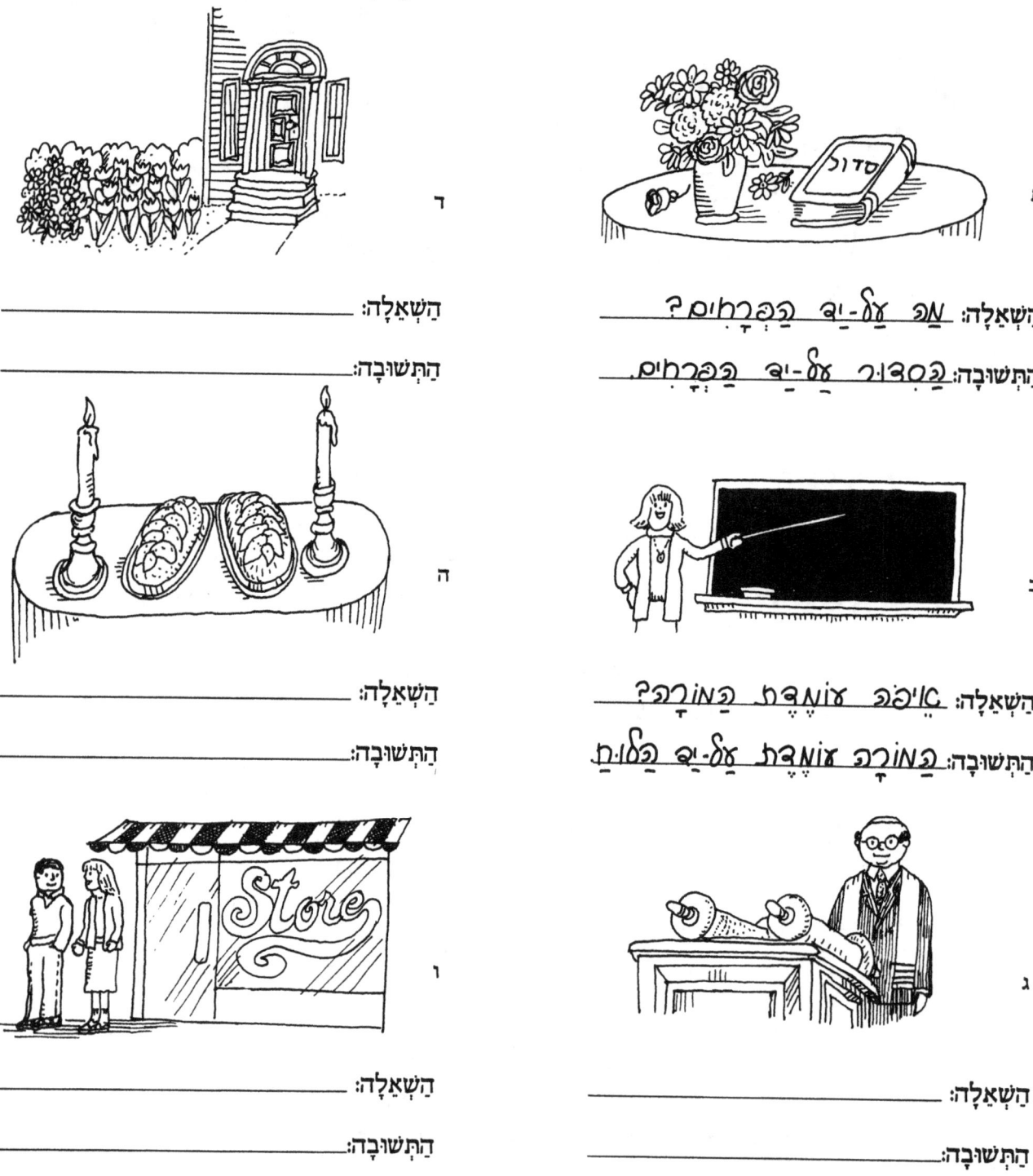

א

הַשְּׁאֵלָה: מַה עַל-יַד הַפְּרָחִים?

הַתְּשׁוּבָה: הַסִּדּוּר עַל-יַד הַפְּרָחִים.

ב

הַשְּׁאֵלָה: אֵיפֹה עוֹמֶדֶת הַמּוֹרָה?

הַתְּשׁוּבָה: הַמּוֹרָה עוֹמֶדֶת עַל-יַד הַלּוּחַ

ג

הַשְּׁאֵלָה: ______

הַתְּשׁוּבָה: ______

ד

הַשְּׁאֵלָה: ______

הַתְּשׁוּבָה: ______

ה

הַשְּׁאֵלָה: ______

הַתְּשׁוּבָה: ______

ו

הַשְּׁאֵלָה: ______

הַתְּשׁוּבָה: ______

Reading for Pleasure קְרִיאָה לְהַנָאָה

דָנִי לוֹמֵד מַהֵר	fast
בְּיוֹם רִאשׁוֹן, דָנִי וַאֲבִיבָה הוֹלְכִים לְמִסְעָדָה עִם	Sunday / restaurant
דוֹד יוֹנִי וְדוֹד דָוִד לֶאֱכֹל אֲרוּחַת-צָהֳרָיִם.	lunch
פִּתְאֹם הֵם שׁוֹמְעִים אִישׁ צוֹעֵק.	suddenly / hear / man / shout
בַּשֻּׁלְחָן הַשֵּׁנִי, אִישׁ כּוֹעֵס עַל הַמֶּלְצָר וְהוּא צוֹעֵק.	angry / waiter
אֲבִיבָה לֹא אוֹהֶבֶת לִשְׁמֹעַ אֶת זֶה וְהִיא אוֹמֶרֶת,	
"יֵשׁ לִי מוֹרֶה טוֹב וְהוּא תָּמִיד אוֹמֵר	always
לַתַּלְמִידִים בַּכִּתָּה – טוֹבָה לָשׁוֹן רַכָּה מִלָּשׁוֹן קָשָׁה".	A soft tongue (speaking softly, with respect) is better than a harsh tongue (yelling, screaming).
"הָאִישׁ הַכּוֹעֵס הַזֶּה צָרִיךְ לִלְמֹד מַה שֶּׁאַתְּ לוֹמֶדֶת בַּכִּתָּה,"	
אוֹמֵר דוֹד דָוִד.	
הַמֶּלְצָר בָּא וְאוֹמֵר, "הִנֵּה תַּפְרִיטִים. הַיּוֹם יֵשׁ לָנוּ	menus / we have
בָּשָׂר טוֹב וְגַם לָשׁוֹן טוֹבָה."	meat / tongue
אוֹמֵר דָנִי, "אֲנִי רוֹצֶה סַנְדְוִויץ' עִם לָשׁוֹן,	
אֲבָל אֲנִי רוֹצֶה לָשׁוֹן רַכָּה כִּי	soft
טוֹבָה לָשׁוֹן רַכָּה מִלָּשׁוֹן קָשָׁה."	
כּוּלָם צוֹחֲקִים.	all / laugh
"הֵי דָנִי," אוֹמֵר דוֹד יוֹנִי, "אַתָּה לוֹמֵד מַהֵר!"	

The Jewish Connection תּוֹדָעָה יְהוּדִית

Controlling one's temper

Speaking softly and respectfully

"A soft tongue is better than a harsh tongue."

Do you think אֲבִיבָה took this lesson seriously? What makes you think so?

Can you give an example of how אֲבִיבָה might practice this lesson in her own life?

Do you think דָּנִי understood what אֲבִיבָה was saying? How could דוֹד יוֹנִי help him understand?

אֲנִי כּוֹתֵב חִבּוּר / אֲנִי כּוֹתֶבֶת חִבּוּר

Clues רְמָזִים

מִי בְּבֵית הַכְּנֶסֶת?
מִי עוֹשֶׂה . . . מַה?
מִי אוֹמֵר . . . מַה?

אני קורא בלי ניקוד!

Read this short story. Make sure you understand it.

יוֹנִי, הַדּוֹד שֶׁל אֲבִיבָה וְדָנִי, עוֹמֵד עַל־יַד הַתּוֹרָה
בְּבֵית הַכְּנֶסֶת שֶׁלּוֹ. הוּא יוֹדֵעַ לָשִׁיר יָפֶה אֶת כָּל
הַתְּפִלּוֹת. הוּא גַם יוֹדֵעַ לִקְרֹא בַּתּוֹרָה. יוֹנִי קוֹרֵא
עַכְשָׁו מִסֵּפֶר בְּרֵאשִׁית.

Make up a name for the story, and answer these questions.

א מַה שֵּׁם הַסִּפּוּר? ______________________

ב אֵיפֹה עוֹמֵד דּוֹד יוֹנִי? ______________________

ג מַה יוֹדֵעַ יוֹנִי לַעֲשׂוֹת? ______________________

ד מַה קוֹרֵא יוֹנִי עַכְשָׁו? ______________________

Cover the top part of the page and read the short story aloud – without vowels.

יוני, הדוד של אביבה ודני, עומד על־יד התורה
בבית הכנסת שלו. הוא יודע לשיר יפה את כל
התפלות. הוא גם יודע לקרֹא בתורה. יוני קורא
עכשו מספר בראשית.

Now read one word at a time, and write in all the vowels.

Keep the top part of the page covered unless you need help.

Reversibles

Change each sentence from masculine to feminine, or from feminine to masculine.

א	הוּא לֹא יוֹשֵׁב. הוּא עוֹמֵד עַל־יַד הַשֻּׁלְחָן.	א	הִיא לֹא יוֹשֶׁבֶת. הִיא עוֹמֶדֶת עַל-יַד הַשֻּׁלְחָן.
ב	הֵם עוֹמְדִים עַל־יַד הַבַּיִת.	ב	הֵן עוֹמְדוֹת עַל-יַד הַבַּיִת.
ג	אַתְּ קוֹרֵאת אֶת הָעִתּוֹן?	ג	אַתָּה
ד	הֵן מְדַבְּרוֹת עִבְרִית.	ד	
ה	אִמָּא מְבָרֶכֶת עַל הַנֵּרוֹת.	ה	אַבָּא ... הַיַּיִן.
ו	אַתָּה צָרִיךְ לִשְׁמֹעַ כַּאֲשֶׁר סַבָּא מְדַבֵּר.	ו	סַבְתָּא
ז	הַאִם אַבָּא מַדְלִיק אֶת הַנֵּרוֹת לִכְבוֹד שַׁבָּת?	ז	הַאִם אִמָּא
ח	הַתַּלְמִידִים לוֹמְדִים עִבְרִית.	ח	
ט	דָּנִי אוֹהֵב מְאֹד לְהִתְפַּלֵּל.	ט	אֲבִיבָה
י	הוּא לֹא עוֹבֵד כִּי הוּא חוֹלֶה.	י	
יא	הֵם חוֹלִים עַכְשָׁו.	יא	
יב	אֲנִי רוֹצֶה לַעֲזֹר לְךָ.	יב	לָךְ
יג	הִיא קוֹרֵאת אֶת סֵפֶר בְּרֵאשִׁית.	יג	

Cross Country Marathon

Jew	1	הַ______ הַזֶּה בָּא מֵרוּסְיָה.
songs	2	הוּא יוֹדֵעַ ______ לְשַׁבָּת.
Jerusalem	3	יֵשׁ לִי סִדּוּר מִ______ .
when	4	אֲנִי רוֹצֶה לִשְׁמֹעַ ______ יוֹנִי קוֹרֵא בַּתּוֹרָה.
reads	5	הַחַזָּן ______ בַּסִּדּוּר.
days	6	הוּא עוֹבֵד חֲמִשָּׁה ______ .
queen	7	שַׁבָּת הַ______ בָּאָה לַבַּיִת שֶׁלִּי.
with	8	יוֹנִי מְדַבֵּר ______ שִׂמְחִי בַּטֶּלֶפוֹן.
stands	9	סַבְתָּא ______ עַל-יַד אֲבִיבָה.
stands	10	וְסַבָּא ______ עַל-יַד דָּנִי.
did, made	11	ה' ______ כָּל דָּבָר בְּשִׁשָּׁה יָמִים.

שִׁירִים
קוֹרֵא
עִם
יְהוּדִי
יָמִים
יְרוּשָׁלַיִם
עָשָׂה
כַּאֲשֶׁר
עוֹמֶדֶת
עוֹמֵד
מַלְכָּה

רְחוֹבוֹת
Rehovot
9
סְדוֹם
Sodom

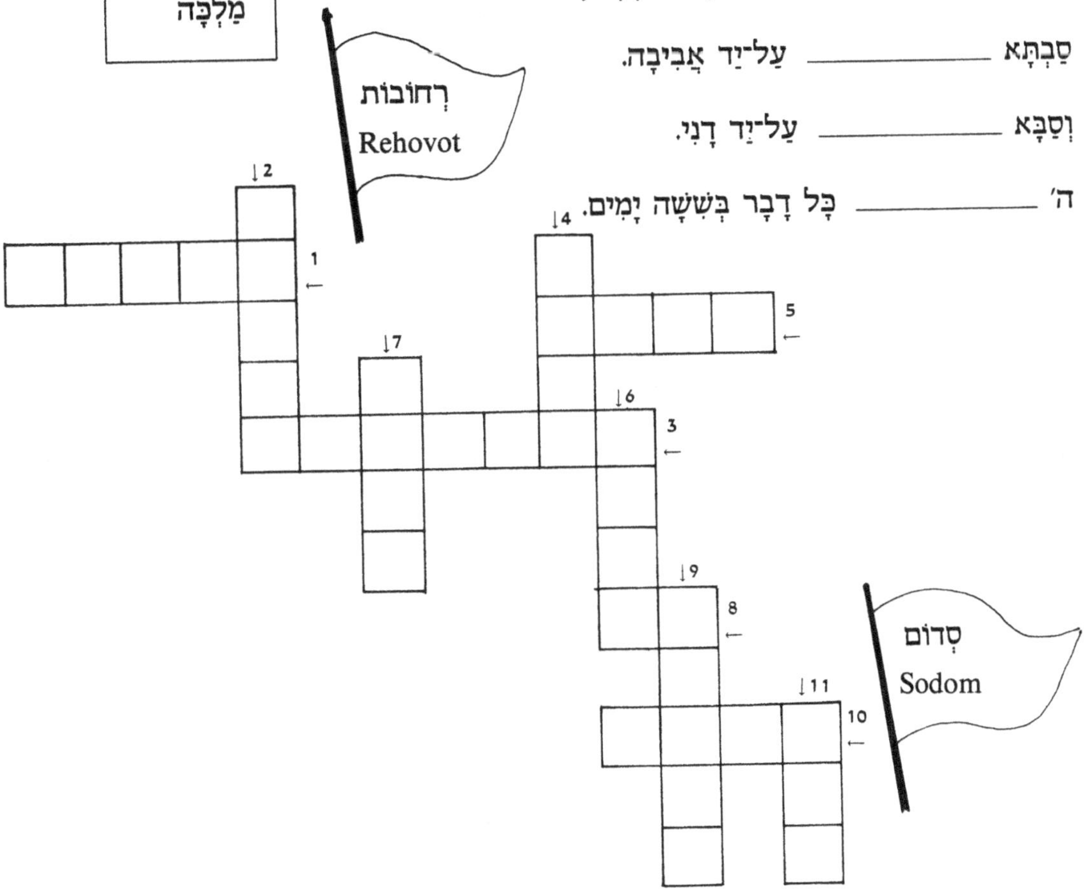

Vocabulary מִלּוֹן

Lesson						
1	pocket	כִּיס	tell (me)!	אֱמֹר (לִי)	big	גָּדוֹל
			hole	חוֹר	small	קָטָן
					something	מַשֶּׁהוּ
					there is	יֵשׁ
					for me	בִּשְׁבִילִי
					for you	בִּשְׁבִילְךָ
2	gift	מַתָּנָה	to buy	לִקְנוֹת	her (s)	שֶׁלָּהּ
	guest	אוֹרֵחַ	has to	צָרִיךְ	why	לָמָּה
	store	חֲנוּת	going (f)	הוֹלֶכֶת		
3	sign	שֶׁלֶט	buy!	קְנֵה	but	אֲבָל
	dog	כֶּלֶב	sees	רוֹאֶה	how	אֵיךְ
	friends	חֲבֵרִים	going	הוֹלֵךְ	possible	אֶפְשָׁר
4	park	גַּן	to play	לְשַׂחֵק	one	אֶחָד
	ball	כַּדּוּר			two	שְׁנַיִם
	football	כַּדּוּר־רֶגֶל			two . . .	שְׁנֵי
	balls	כַּדּוּרִים			than (from)	מִן, מִ
5	tomorrow	מָחָר	helps	עוֹזֵר	his	שֶׁלּוֹ
			to help	לַעֲזוֹר	because, that	כִּי
			does, makes	עוֹשֶׂה		
			to do	לַעֲשׂוֹת		
6	charity	צְדָקָה	sells	מוֹכֵר	with (in)	בְּ, בַּ
	newspaper	עִתּוֹן, עִתּוֹנִים	to sell	לִמְכֹּר		
	thing	דָּבָר	gives	נוֹתֵן		
	money	כֶּסֶף	to give	לָתֵת		
7	composition	חִבּוּר	by myself	בְּעַצְמִי	to him	לוֹ
			why	מַדּוּעַ	he has	יֵשׁ לוֹ
			impossible	אִי־אֶפְשָׁר	he does not have	אֵין לוֹ
			when	מָתַי	if	אִם
					today	הַיּוֹם
8	dollars	דּוֹלָרִים	sick	חוֹלֶה	(name of a fund)	קֶרֶן־עַמִּי
			works	עוֹבֵד		

Lesson

9	Sabbath	שַׁבָּת			in honor of	לִכְבוֹד
	day	יוֹם			very	מְאֹד
	Sabbath day	יוֹם הַשַּׁבָּת			everyday	בְּכָל יוֹם
	things	דְּבָרִים				
	wine	יַיִן				
	candles	נֵרוֹת				
	Sabbath bread	חַלּוֹת				
10	rest	מְנוּחָה	blesses (m)	מְבָרֵךְ	for you (f)	בִּשְׁבִילֵךְ
	Kiddush	קִדּוּשׁ	blesses (f)	מְבָרֶכֶת	four	אַרְבָּעָה
	(Blessing over wine)		lights (m)	מַדְלִיק	more	עוֹד
			lights (f)	מַדְלִיקָה		
			to know	לָדַעַת		
11	queen	מַלְכָּה	coming (f)	בָּאָה	pretty, nice (f)	יָפָה
	flowers	פְּרָחִים				
	evening	עֶרֶב				
	Jew, Jewish	יְהוּדִי				
12	Friday	יוֹם שִׁשִּׁי	puts (f)	שָׂמָה	when	כַּאֲשֶׁר
	song	שִׁיר	coming (m)	בָּא	like, as	כְּמוֹ
			songs	שִׁירִים	now	עַכְשָׁו
					nice, pretty (m pl)	יָפִים
					(Sabbath greeting)	שַׁבַּת שָׁלוֹם
13	synagogue	בֵּית כְּנֶסֶת	to pray	לְהִתְפַּלֵּל	from	מִ
	prayerbook	סִדּוּר	to sing	לָשִׁיר		
	prayers	תְּפִלּוֹת				
	cantor	חַזָּן				
	Jerusalem	יְרוּשָׁלַיִם				
14	rabbi	רַב	speaks (m)	מְדַבֵּר	with	עִם
	voice	קוֹל	speaks (f)	מְדַבֶּרֶת		
	Torah	תּוֹרָה	to listen, hear	לִשְׁמֹעַ		
	supper	אֲרוּחַת-עֶרֶב				
15	(first book	סֵפֶר בְּרֵאשִׁית	stands	עוֹמֵד	next to	עַל-יַד
	of the Bible)		reads	קוֹרֵא	six	שִׁשָּׁה
	God's Name	ה'	made, did	עָשָׂה		
	days	יָמִים				
	seventh day	יוֹם הַשְּׁבִיעִי				